可能性としてのリテラシー教育

21世紀の〈国語〉の授業にむけて

助川幸逸郎・相沢毅彦［編］

ひつじ書房

はじめに

一九九〇年、私は大学を卒業し、非常勤講師として、とある高校の教壇に立った。

若く、未熟だった私の授業は、たちまち学級崩壊に陥った。それでも、私が古風な文学青年であったためだろう、何人か、自作の詩や小説を見せにくる生徒もあらわれた。

それらの作品には、ほんきで感激させられるものもあれば、習作としても不出来なものもあった。ただ、どの生徒が書くものも、「芸術作品」――小説の場合なら「純文学」――であろうとしている点は、おなじであった[注1]。

それから十年以上、私はその高校に厄介をかけた。人まえで話しをすることには、すこしは馴れていったものの、その高校での私は最後まで、

「授業のへたな、文学青年くずれ」

であった。大半の生徒からはそっぽをむかれ、ごくわずかな生徒だけが、書いた作品をもって私に寄ってき

た。

　生徒の書くものに変化が見えるようになったのは、教壇に立つようになって五、六年してからだろうか。「純文学」風の小説を目にすることが、ほとんどなくなったのである。生徒が「小説」と称して書いてくるのは、アニメやゲームの二次創作ものか、自作のイラストが挿入されたライトノベル調のものばかりになった。

　おもえば、私がその高校でおしえはじめた頃、読書好きな生徒は、よしもとばななや村上龍を読んでいた。ところが、九〇年代後半になると、同時代の「純文学作家」を読んでいる生徒は、目立って減りはじめた。

　インプットとアウトプットの双方にわたって、私がかかわる生徒たちは、「純文学小説」から離れていったわけである。当初、私はこの現象を、その高校の生徒の質がおちたせいだとかんがえていた。が、この認識のあやまりに気づくのに、時間はかからなかった。しばらくして、私は大学や予備校でも仕事をはじめた。それらのあたらしい職場でも、自作の「小説」だといって見せられるのは、おおむね、「純文学」とはかけ離れた作品であった。

　興味ぶかいのは、教え子が見せにくる「詩」には、こうした変化が見られなかったことである。いかにも「現代詩」といったおもむきの作品を、授業後にしめされることは、現在でもめずらしいことではない。

　この「『文芸全般』ではなく、『純文学』の小説ととりわけ縁どおくなる」という傾向は、どうやら私の教え子にだけ生じたのではないらしい。昨年（二〇一〇年）、村上春樹は、インタビューに応えてつぎのようにいっている。


　それまで（引用者注・『ノルウェイの森』がミリオン・セラーになるまで、という意味）は、一部の熱心な読者がいる、いうなればカルト的作家みたいな気楽な立場だった。でも結局『ノルウェイの森』が売れすぎたんだと思う。僕はそういうことはあまり気にしないほうだけれど、それでも、いわれのない反感みたいなものを感じるところがあって、孤立感は強かったです。日本文学自体が変質して、メインストリーム的なものが実質的な力を失って引いていくなかで、あくまで結果的にですが、僕がオフサイド的に目立つことになってしまった。[注2]

「日本文学自体が変質して、メインストリーム的なものが実質的な力を失って引いていく」――「純文学」と、それをささえていた「文壇」というシステムの崩壊を、肌で感じた、ということだろう。

『ノルウェイの森』がベストセラーとなったのは一九八七年、バブル経済の絶頂期であった。「純文学」や「文壇」は、「遅れて近代化した国」として、先進国に追いつこうとした時期の社会システムに対応している。それらはたしかに、バブルの到来――キャッチアップ型発展モデルの飽和点――で使命を終えた[注3]。しかし、バブル時代の経済的ゆとりは、すでに不用となった「これまでのメインストリーム」が、居残りつづけることを許容した。彼ら「旧・主流派」は、影響力をうしないかけていたとはいえ、ポスト「純文学」の時代のシンボルである春樹に、嫌がらせをするぐらいの余力はあった。『ノルウェイの森』の後、春樹が圧迫を受けたのはこのためである。

バブルの崩壊を、社会全体が実感したのが一九九二年である。それによってもたらされたのが、一時的な不況ではなく、日本社会の構造的な行きづまりであることは、一九九五年に表面化した[注4]。これ以降、春樹を抑えこもうとしていた「旧・主流派」は、一般の読書好きからほとんど意識されないほど、小さな存在になった。

地域を問わず、歴史のはじめには、韻文が「高級な文学」のにない手であった。近代社会の成立とともに、詩が占めていた「文学の王者」の座を、芸術としての散文フィクションが奪いとる。こうしておとずれた「純文学小説の時代」の、日本における終焉が、一九九五年だったのである。

これまでにも、「純文学変質論」のたぐいは、くりかえし論議されてきた。しかし、文学で生活している人間、あるいは、そうなることをのぞんでいる人間が、「文学者としてもっとも高級ないとなみは、芸術としての散文フィクションを書くことだ」という信念を共有している――この事実はずっと変わらなかった。しかし、現在の「書きたい若者」の多くは、「純文学小説」に特別なこだわりをもっていない。

一九九五年の日本でおこった「純文学」の終焉は、二〇世紀初頭に、クラシック音楽が直面した事態になぞらえるとわかりやすい。第一次大戦以前のクラシックの演奏会では、過去の古典とおなじようにして、同時代の作品がとりあげられていた。両大戦間を端境期として、現存作曲家の音楽は、一部の好事家だけが聴くものになった。今日でも、ベートーヴェンやモーツァルトはさかんに聴かれているが、彼らに匹敵するほどポピュラーな同時代作家は、クラシック音楽の分野にはいない[注5]。

漱石や太宰は、ベートーヴェンやモーツァルトのように、これからもひろく享受されるだろう。いっぽう、今後生み出される「純文学小説」は、「現代音楽」がそうであるように、かぎられたマニアだけに愛好されるにちがいない。

本書は、二〇一〇年九月におこなわれた、ひつじ書房設立二〇周年記念シンポジウム「可能性としての文学教育」を母胎としている。

文学教育は、しばしば「感動」や「心のゆたかさ」を謳う。だが、何が「文学」であり、いかにして「感動」がおこるのかをあいまいにしたまま、それをいうことはあまりにあやうい。教える側が熱意をもてばもつほど、教えられる側は、押しつけをこうむったと受けとりかねない。ことに、一九九五年以前に文学観を形成した人間が教えるとき、その危険はつよくなる。

シンポジウムでは、ナイーヴな「感動主義」とは距離をとりながら、文学教育を実践する方法が模索された。山本康治氏は、文学教育において「感動」が特権的な地位をしめていく歴史的経緯を、明治期までさかのぼってしめされた。同時に、「感動」のみをよりどころとしない、文学教育の意義と使命について、具体的な提案をしてくださった。

「純文学小説」の時代のおわりは、右肩あがりの経済発展が見こめた時代のおわりでもある。物質的にゆたかになることを追求しても、大半の国民がむくわれない状況がやってきている。文学教育においては、「実利」にのみ還元されない「幸福」が問題とされる、という山本氏の結論は、今日においてこそおもい。

言葉をもちいる文学以上に、音楽や美術は、感性のみで受けとるべきものとみなされやすい。むろん、音楽や美術にも、作品解釈の「方法」は確固としてあるのだが、それらは現況ではなおざりにされている。岩河智子氏は、自在にピアノをあやつりつつ、音楽上の「印象」がいかに立ちあがるかを解説してくださった。氏は、札幌室内歌劇場の音楽監督をつとめておられる。楽曲分析という知的作業を、ここまで観客をひきつけつつ展開できるのは、氏が舞台人だからだろう。論理を介在させて対象にわけいることと、対象の「生気」をおもんじることは矛盾しない――そのことを、岩河氏の講演は実感させてくれた。なお、岩河氏には、シンポジウムでのパフォーマンスの要所を、後日、研究会のお仲間と再演していただいた。その再演を記録したCDを付録につけたので、これをとおして、当日の雰囲気が読者に伝われば幸いである。

相沢毅彦氏は、日本文学協会・国語教育部会の若手の論客である。文学テクストが何を意味するのか、唯一の正解はなかなかみつからないことは、だれが見てもあきらかだ。かといって、生徒ひとりひとりが、好き勝手にテクストを解釈するにまかせるなら、文学教育はなりたたない。この袋小路に対し、最新の文学理論を武器に、相沢氏は正面突破をはかった。氏の奮闘は、袋小路を解消させるよりも、その前で誠実に迷いぬくほうに意味がある、という事実を、われわれにしめしてくれた。

なお、私は系統立てて国語教育を研究してきたわけではない。こうした論集の編者をつとめるには、キャリアも力量も不足している。相沢氏には、もうひとりの編者となっていただき、編集作業をすすめるうえで、支援をうけた。

シンポジウムで講演していただいた以上三氏のほかに、論集をなすにあたり、あらたに三名の方に寄稿をおねがいした。

黒木朋興氏には、フランスにおけるレトリック教育の歴史についてお書きいただいた。レトリック(修辞学)では、書くべき主題の発見法や、演説の際の身ぶり・手ぶりまでもが研究対象となる。小説が文学の中心を占める以前、欧州では、そうしたレトリックこそが、言語教育の根幹であった。それが、小説の時代の到来とともに、書きことばの表現効果だけが、教育の場で偏重されるようになった。

欧米でも、文学における小説の覇権はおわりつつある。そうした状況のもと、言語教育のありかたを問いなおすのに、黒木氏の論文は必読といえる。

水野僚子氏には、岩河氏の報告をおぎなう意味で、美術教育におけるリテラシーの問題を論じていただいた。現在の美術教育では、図像読解の方法や、視覚表現がいかなる効果をもたらすかについて、問われる機会がほとんどない。このため、「見ること」をつうじてのイデオロギーのすりこみに、現代日本人はまったく免疫ができていない。

理論を看過し、感性のみでおこなわれる芸術教育の弊を、水野氏はあざやかにえぐり出されている。こうした指摘が、文学教育にとっても、他人事でないのはいうまでもない。

さきにふれたように、テクストの読みの多様性をみとめることと、文学教育において実をあげることの、両立はむずかしい。

高木信氏は、一義的な解釈を批判するテクスト論の立場から、文学教育について発言してこられた。本書にお寄せくださった論のなかで、高木氏は、「テクスト理論的分析」という概念を提唱している。それは、読み手の解釈のほしいままな暴走を賛美するものではない。テクストから聞きとれるさまざまな「語る声」に耳をかたむけ、通りのいい解釈に安易にもたれかかることを氏はしりぞける。長年、国語教育の側からテクスト論に提示されてきた疑念に、決定的にこたえたものと、私は高木氏の論考を読んだ。

シンポジウムに足を運んでくださった聴衆は、そろって深い問題意識をおもちであった。それらの方々との対話から、触発されるところは多かった。なかでも、理化学研究所の竹谷篤氏からの、

「アメリカの学生とくらべ、日本の学生は、理数能力ではおとらないのに、プレゼン能力で負けている。これは、国語教育の問題ではないのか」

という問いかけには刺激をうけた。そこで、理系の研究者の立場から、国語教育にかんじている疑問点を竹谷氏にまとめていただき、それに対する相沢氏と私の応答とあわせて、本書に掲載することにした。

なお、シンポジウムの後、本書が編まれるまでに、東日本大震災と福島第一原発の事故という、大きな出来事があった。それらをつうじて、これまで見えていなかった日本社会の問題が浮きぼりになった。これに対し、文学教育はどこまで応じられるのか——私自身は、この問いについて論じた文章をまとめてみた。

シンポジウムをもとに書籍をつくることは、ひつじ書房房主・松本功氏の発案による。類書にはない、ユニークな価値がこの書にあるとすれば、松本氏の提言による部分が大きい。また、担当編集者の森脇尊志氏をはじめ、ひつじ書房のスタッフの方々には、私の至らなさからさまざまな負担をおかけした。あらためてお礼

と、おわびを申しあげたい。

震災と原発事故は、「純文学小説の時代」のおわり、太平洋戦争後の社会システムの失効を、あらためて告知するものであった。あらゆる「もと」や「こと」の存在意義を問いなおされている今、文学教育はいかにして生きのびられるのか――その問いかけに、いささかなりとも本書が答え得ているとすれば、編者として幸いにおもう。

助川幸逸郎

［注1］「純文学」の定義はむずかしい。実際的には、その作品が掲載されたメディアによって、「純文学」か「大衆文学」かが区別されることも多い。ここでは、「『芸術』としてあつかわれることをめざしている文学」という意味で、「純文学」の語をもちいることとする。ちなみに、「純文学」とか「大衆文学」とかいう言いまわしは、事実上、小説に対してしか適用されない。このことは、近代における、小説の特権的な地位のあらわれである。

［注2］「村上春樹　ロングインタビュー」（季刊『考える人』二〇一〇年夏号　新潮社）

［注3］このことは、柄谷行人『近代文学の終り』（二〇〇五年インスクリプト）でも指摘されている。柄谷は、春樹を批判する勢力の理論的支柱であった。立場の相反する柄谷と春樹が、おなじ認識をしめしている事実はおもい。

［注4］九五年は、オウム事件と阪神大震災が起こった年である。この年を、日本社会の転換点としてとらえる論は多い。経済的にいえば、九五年は、燃料コストの上昇があらゆる合理化の限界を超えた年である。先進国において、製造業で富を得ることが不可能になり、アメリカが決定的に金融化に踏み出したのが九五年なのである。このことは、第一次世界大戦以来の経済システムの崩壊を意味する。『超マクロ展望　世界経済の真実』（水野和夫・萱野稔人　集英社　二〇一〇）参照。

［注5］一般的に「クラシック音楽」として享受されている作品は、バッハやヘンデルのような例外をのぞけば、フランス革命以降、第一次世界大戦までに生み出されている。「クラシック音楽」は、一部の例外のぞけば、「一九世紀の申し子」なのである。

可能性としてのリテラシー教育　目次

明治期国語教育の展開
――文学教育はどのように生まれたのか――

山本康治

一、はじめに

現在、学校教育での国語科の教育内容について、大きな変更が起きつつある。二〇一一年度から学校種に応じて段階的に施行される、新「学習指導要領」での国語科の内容について、これまで以上に、脱「文学」という方向性が明確になるからだ。この方向性は、これまでの学習指導要領（二〇〇一年～）において、「言語技術」として、その「目標」が示された時点から既に始まってはいたが、今回の改正によって、改めて、その流れは強化されていくといってよいだろう。

「国語」で何を身につけるのかという点については、これまでも国語教育の研究や教育現場で長く議論されてきた。そこでの争点は、端的に言えば「文学」重視か、「言語技術」重視か、という点に集約される。当然、さまざまな視角による議論がなされてきたのだが、実際のところ、文学／言語技術という対立構造は変わっていないようである。

本稿では、現在の国語教育が抱え持つ課題を明らかにしたうえで、そのような対立的構造を持つに至った国語科が、そもそもその誕生時、つまり明治期において、既にそのような構造を内包していたことを明らかにし、それを通して、改めて現代の国語教育について考える端緒とすることを目的とする。

二、学校教育における「国語」とは何なのか

今回の学習指導要領の改訂から見えることは、「言語技術」の重視、そしてその結果としての「文学」軽視という方向に他ならない。しかしながら、高等学校や中学校、そして小学校においてまでも、教師の多くが「文学」教材を重視していることも事実であり、また生徒・児童についても「文学」教材への高い嗜好性を指摘することもできる。

そもそも、ここでいう「文学」軽視とは、どのようなことを指しているのであろうか。文部科学省中教審担当部会等の議論から捉えていきたい。

小学校、中学校及び高等学校を通じて、言語の教育としての立場を重視し、国語に対する関心を深め国語を尊重する態度を育てるとともに、豊かな言語感覚を養い、互いの立場や考えを尊重して言葉で伝え合う能力を育成することに重点を置いて内容の改善を図る。特に文学的な文章の詳細な読解に偏りがちであった指導の在り方を改め、自分の考えをもち、論理的に意見を述べる能力、目的や場面などに応じて適切に表現する能力、目的に応じて的確に読み取る能力や読書に親しむ態度を育てることを重視する。

（「幼稚園、小学校、高等学校、盲学校及び養護学校の教育課程の基準の改善について」教育課程審議会答申、一九九八年、傍線稿者）

ここでは、教育現場が「文学」の「詳細な読解」に偏重しており、論理的表現力や目的に応じて読み取る能力に欠けていることが指摘されている。この答申は、そのまま、これまでの「学習指導要領」（二〇〇一年〜）の「解説」（文科省編纂解説書）に転用され、国語科の「目標」の解説となっている。つまり、「国語」からは、文学教育、少なくとも「文学的な文章の詳細な読解」は、既に「公式」に排除されているのである。これを踏まえた国語科の「目標」は、小学校、中学校、高等学校で、それぞれ次のように示される。

【小学校】国語を適切に表現し正確に理解する能力を育成し，伝え合う力を高めるとともに，思考力や想像力及び言語感覚を養い，国語に対する関心を深め国語を尊重する態度を育てる。

【中学校】国語を適切に表現し正確に理解する能力を育成し，伝え合う力を高めるとともに，思考力や想像力を養い言語感覚を豊かにし，国語に対する認識を深め国語を尊重する態度を育てる。

【高等学校】国語を適切に表現し的確に理解する能力を育成し，伝え合う力を高めるとともに，思考力を伸ばし心情を豊かにし，言語感覚を磨き，言語文化に対する関心を深め，国語を尊重してその向上を図る態度を育てる。

（傍線、稿者）

これらは、前回の「学習指導要領」改訂（二〇〇一年〜）において告示され、今回の改訂（二〇一一年〜）でも、変更されなかった文言である。小、中、高ともに、「国語を適切に表現し的確に理解する能力」と「伝え合う力」を身に付けさせることが、その主眼となっている。これ以前の「学習指導要領」（一九九二年〜）の「目標」では、冒頭が「国語を正確に理解し、適切に表現する能力」となっており、前回および現行の「目標」とでは、「理解」と「表現」とが入れ替わっている。つまり、二〇〇一年以降の「学習指導要領」では、「理解」よりも「表現」

を先に示すことで、「表現」重視の方向性が示されていることが分かる。また、「伝え合う力」が付け加わったことで、共時的かつ双方向的な「表現／理解」についての能力形成が求められており、その点からすると、文字言語よりも、音声言語を重視することを示した内容となっている。実際に、国語教科書からは、話し合う場面を重視した教材、討論に関する教材が収められるようになってきており、その傾向が教科書に反映されていることが分かる。

更に、今回の改訂では、新たに「思考力」が求められてきている。これは、国語科という一教科の枠を超えて、今回の学習指導要領改訂においては、「思考力・判断力・表現力等の育成」および「各教科などにおける言語活動の充実」という科目横断的な目標として示される。これまで言語に関する教育は国語科が担ってきたが、今回の改訂では、「国語」以外の教科においても、「言語活動」を充実させ、その活動を通して、「思考力・判断力・表現力」を育成することが求められているのである。つまり、これまでの言語に関する教育が、いわば国語科の専権事項であり、言語教育のあり方を考えることは、そのまま国語教育を考えることでもあるという「常識」が、今回の改訂では、大きく変わったことを意味している。国語教育の枠外から、言語教育が考えられ、そしてその大きな枠組みの中で、国語教育の内容が規定されているということが進んでいるのである。

そのような大きな枠組みにおいて、「思考力・判断力・表現力」の育成を目指すという新しい観点の導入は、当然、「文学」の「詳細な読解」を排除する方向と表裏の関係である。今回の「学習指導要領」改訂につながる、中教審担当部会での国語教育に関する議論は次のとおりである。

1．国語教育の現状についての認識と課題

○国語の教科書では、著者は何を考えているかという問題が出ているが、著者自身も答えられないようなものを取り上げることは意味がないのではないか。また、やはり文学を中心とした指導となっているのではないか。

○国語力は、コミュニケーション能力の育成のための言葉、もう一つは思考力の育成のための言葉に分けて考えることが大切である。

2. 今後重視すべき国語の力等

○文学や情緒とは関係ない、明晰な文章を書けることが大事である。目的を持って、筋道を立てて論理的に書くためにも、論理的な文章や説明的な文章を読む力が必要である。

（「国語専門部会（第1回）における主な意見」中教審初等中等教育分科会教育課程部会、二〇〇四年、傍線稿者）

ここでも、「文学」排除の方向性は明確であり、それが徹底されていることが分かる。そして新たに「思考力」や「論理的」という観点が教育内容として主張されていることも理解されよう。この流れは、これまで述べてきたように、新「学習指導要領」にもそのまま反映し、「論理的思考力」を基盤にした表現、読解の重視という方向性を形成している。また、教育内容の体系的一貫性を担保するため、義務教育の前段階である「幼稚園教育要領」においても、領域「言葉」については、これまでの「したこと、見たこと聞いたこと感じたことなどを自分なりに言葉で表現する」が、「したり、見たり、聞いたり、感じたり、考えたりなどしたことを自分なりに言葉で表現する」（二〇〇九年、傍線稿者）と改められている。小学校との連携を踏まえて幼児教育にまで、「思考力」に、重点が置かれるようになっているのである。

このように「思考力」重視を打ち出した背景について、「学習指導要領」の解説においては次のように示されている。

ＯＥＣＤ（経済協力開発機構）のＰＩＳＡ調査など各種の調査からは、我が国の児童生徒については、例えば、①　思考力・判断力・表現力等を問う読解力や記述式問題、知識・技能を活用する問題に課題（略）が見られるところである。

（「改訂の経緯」、「小学校学習指導要領解説国語編」、二〇〇八年）

確かに、ＰＩＳＡ調査の結果においては、日本の生徒の「読解力」順位が落ちたことは確かである。しかし、そもそもこの調査については、翻訳や文化の違いによる変位をどう織り込むのかという国際比較の難しさもあり、その有効性については、あくまでも指標の一つとして限定的に考えるべきであろう。

いずれにせよ、このような「思考力」を求める根底には、国際競争の観点が見え隠れしている。そして、これは言うまでもなく、産業振興に寄与する人材育成を主眼とする教育観に基づくものであり、いわば、科学技術立国を支える技術者の素養形成につながる論理性育成のための言語教育が求められているといっていいであろう。そこにおいては、当然、情緒的な側面についての言語教育は求められないことになる。

一方、「文学的な文章の詳細な読解に偏りがちであった指導」（「幼稚園、小学校、高等学校、盲学校及び養護学校の教育課程の基準の改善について」前出）という批判に対して、国語教育側はどのような答えが用意できるのであろうか。

市毛勝雄は、文学教材の指導が、主人公の心情に感情移入することをもって「感動」を大切にする授業だとされ、実質的には「道徳」の授業になってしまっていることを批判している。そしてそれを越えるためには、まず文学教材固有の特質は何かという考察から始めなければならないと指摘している。その上で、特定の教材だけにしか通用しない読みではなく、普遍化、一般化できる「よみ」の方法について自覚的、系統的に構築し、文学教材は、どのようにして読むかではなく、『「読みたい人」』を作り出すこと自体が目標」であると述べている[注1]。これらは、文学教育を考える上で、有効な方法の一つであろう。

このように、現在の「国語」を取り巻く状況を述べてきたが、実はこのような状況は、国語科が成立した当初から孕んでいた問題であったのである。そして、文学教育と産業振興につながる言語教育との闘争も、また同様である。以下、国語科の成立期に着目し、国語科における文学教育がどのように生まれたのか、そしてどのように展開していったのかについて、述べていきたい。

二、「国語」成立のルーツについて〜文学教育はなぜ起こったか〜

学校教育に国語科が成立したのは、一九〇〇（明治三三）年である。この年に「小学校令」が改正され、これまでの言語に関する教科目である「読書」「作文」「習字」が統合され、「国語」という教科目が成立したのである。この「改正学校令」では、尋常小学校（四年）に高等小学校（二または四年）を併設することが奨励された、その結果、例えば静岡県では尋常小学校のほぼ半数に四年制の高等科が設置（明治三六）されるようになった。また、この改正を期に、修学無償化が実現したため、全国で六割以上の子どもが、高等科まで進むようになり、義務教育の基盤が固まったのもこの頃と見ることができる。

このような義務教育の整備が進んだなか、国語科は誕生した。「改正学校令」に対応した「小学校令施行規則」（一九〇〇年）には、「読本ノ文章ハ平易ニシテ国語ノ模範ト為リ且児童ノ心情ヲ快活純正ナラシムルモノヲ要シ其ノ材料ハ修身、歴史、地理、理科、其ノ他生活ニ必須ナル事項ニ取リ趣味ニ富ムモノタルヘシ」とされ、その教材は、それまでの「趣味ヲ添フル」程度から、「趣味ニ富ムモノ」が充てられることになったのである[注2]。

「改正学校令」以前の「読書科」においては、「普通語」を習得させ、明治政府が求めるさまざまな事項、つまり「忠君愛国」の精神とその基盤としての日本の歴史、また産業振興を支えるための西洋的な知識等、これらを学ばせるための、いわば手段としての言語教育がその主たる目的であった。それに対して、「改正学校令」以降では、それらを受け継ぎつつも、それ自体目的化した国語科の成立が図られたと見てよいだろう。それが、「趣味ニ富ム」教材を通して、「児童ノ心情ヲ快活純正ナラシムル」ことにつながっていくのである。

そのような状況に敏感に反応したのが、教科書出版会社であった。「改正学校令」の発布を受けて、各教科書会社は、それぞれ工夫を凝らした国語教科書を作成し、その採択を競っていくことになる。この時期の教科書は、いわゆる「検定教科書」であり、教材内容は、「小学校令施行規則」等に従っていれば、比較的自由に決められた時期であった。従って、いかなる「趣味ニ富ム」教材によって「児童ノ心情ヲ快活純正ナラシムル」かが、教科書の主眼となっていくのである。

ちなみに、教科書採択について、都道府県単位で行なわれていたため、その採択の是非は教科書会社の経営に大きく関わるものであった。その結果、教科書会社間の競争は熾烈を極め、全国で贈収賄事件が多発し、所謂、「教科書疑獄」として一九〇二（明治三五）年には大きな社会問題となっていった。これが後の教科書国定化の大きな契機となったのである。従って、三三年の「改正学校令」から三七年の国語読本の国定化までが、教科書会社がその内容を競って教科書編纂を行っていた時期と言うことになる。

「改正学校令」の公布を受け、翌一九〇一（明治三四）年には教科書採択運動の一環として、各出版社から教科書の編纂趣意書が相次いで出された。『実験国語読本編纂趣意書』（右文館、一九〇一年一〇月、以下「右文館版国語読本趣意書」）では巻頭に従来の読本の欠点が、「㈠難しきに過ぐること、㈡材料の選択宜しからざること、㈢叙述の拙劣なること、㈣無趣味なること、㈤文理の紊れたること」と挙げられおり、「本書」においてはそれを改め、新たな「特色」を打ち出したとして、次の内容を掲げている。

一、実用的（実益）、及び、文学的（趣味）の二面を調和し、児童をして、趣味を感ずる間に、実用的智識を得しめんとはかれる事。

二、従来の読本の如く、記載する事項の多きを貪らず、重要にして趣味ある事実を、精しく叙述せんとはかれる事。

三、仮名遣、送り仮名を一定し、又、其の文章は、凡て、平易簡明にして趣味に富ましめ、且つ、密に、文法に合せしめ、児童をして、綴り方の模範を之に取らしめんとしたる事。

（略）

本書の大なる特色といふべきは、児童の心身発達の程度に注意したること、及び、全体に趣味あらしめたることの二点なり。

つまり、①実益のみではなく「文学」、「趣味」にも配慮した教材が収録されていること、②記載事項は必要最小限にしていること、③児童の心身の発達に留意してあること、ということになろう。特に、「趣味」あることに力が入れられているのが分かる。また、既に、「国語」の内実を巡り相反する二つの軸、［実用（実益）／文学（趣味）］がこの時点で意識されていることは興味深い。このような傾向は他社の国語読本でも同様で、『尋常高等単級用国語読本編纂趣意書』（小山左文二・加納友市、集英堂、三四年一〇月）においても、上記②、③の内容と共に、「第四　文字　文章」の項に「一　思想を審美的に発表するの必要なるを認め、尋常用小学校用書の初巻より、毎巻、およそ、二三章を韻文体に記述したり。また、唱歌教授に連絡して国民唱歌の大意を授くるの必要なるをおもひ、尋常小学校用書においては、ことに、この種の歌詞をも加へたり。／一　韻文は、千篇一律の弊をさけて、短歌・長歌・今様体・七七体など種種の形式を用ゐ、口語・半口語または文語などにて記述したり。」と、韻文、つまり新体詩も含んだ韻文教材収録を特徴として示している。「右文館版国語読本」の「特色」①と同様、「審美的」な教材として、文学（ここでは特に韻文）尊重の姿勢が打ち出されているのである。

これら教科書編纂趣意書が示しているのは、国語科成立以前になされていた、歴史や科学の知識や、世界について学び、有為の人物になるといった、いわば、他教科の事項を学ぶための手段としての「読書」という位置付けではなく、「趣味ある」文学教材による「人格の陶冶」という新たな目標に向け、「国語」という教科目の主眼が置かれているということである。また、これまでの「読書」「作文」「習字」で重視していた、標準語や文字の習得といった「言語技術」のみに主眼が置かれた教育内容ではなくなっている。つまり、国語科は、成立当初から、手段としての言語教育の位置ではなく、それ自体目的化した国語科の成立が目指されていたのである。

このような流れを、教育現場で強力に推し進めていったのが、ヘルバルト派教育学である。ヘルバルト派教育学は、「趣味ある」ことを教育の中心に置き、児童・生徒の「美感」の形成を通して、「人格の陶冶」を目指す考えとして、東京高等師範学校を中心に強い教育的価値観を形成していた。明治三〇年代に入り、全国に展開した同校出身の小学校・中学校教師および地方の師範学校教員らにより、全国各地で教育実践が推し進められていった。

ヘルバルト派教育学とは、ドイツの教育学者ヨハン・フリードリッヒ・ヘルバルト（Johan Friedrich Herbart、一七七六～一八四一年）の主張を基にした教育学派である。ヘルバルトは、教育の目標を「道徳的品性の陶冶」に置き、高い倫理性を求めるとともに、その実践方法を心理学に求め、「明瞭―連合―系統―方法」の四段階教授法を提唱した。これを受けて、ヘルバルト学派（ツィラー、ラインなど）の学者たちはこの教授方法を改良し、日本では五段階教授説（「予備―提示―比較―総括―応用」）として教育現場での実践が多く見られ、その教育方法は、ヘルバルト派教育学として認知されていた。

日本では明治二〇年代後半に、谷本富、湯原元一、立柄教俊らによってヘルバルト及びヘルバルト派教育理論が紹介されてゆく。その元となったのは、一八八七（明治二〇）年の、エミール・ハウスクネヒト（Emil Hausknecht 一八五三年〜一九二七年）の東京帝国大学哲学科への招聘である。ハウスクネヒトは、一八八九（明治二二）年四月より一年間のみ設けられた文科大学の特約生教育学科において、その特約生十二名に対して、ヘルバルト派教育学の講義を行ったのであった。この特約生教育学科は、高等学校、尋常中学校の教員養成のための課程であったのだが、ハウスクネヒトから学んだことで、谷本富や、文科大学に席をおく、大瀬甚太郎、湯本元一等は、ヘルバルト派教育学を広める役割を担うことになったのであった。

当初、ヘルバルト派教育学紹介の中心であったのは、谷本富である。谷本は、『実践教育学及び教授法』（明治二七）、『科学的教育学講義』（明治二八）を翻訳、紹介し、ヘルバルト教育学を踏まえた国家主義的道徳の理論とその実践を推進させることになった。また他の特約生も、ヘルバルトと同学派のケルン、リンドネル、ラインらの教授理論を紹介していくこととなった。ヘルバルト学派の理論が積極的に紹介されたのは、一八九四〜五（明治二七、二八）年頃であり、研究者を中心にブームとなったがその後下火になっていく。しかし、明治三〇年代に入り、全国に展開した東京高等師範学校出身の小学校・中学校教師および地方の師範学校教員らにより、同派教育学に依拠した教育実践が各地で推し進められていった。また、教育実践に関する雑誌も多く発刊されていった。一八九九（明治三二）年一〇月の「千葉教育会雑誌」には、「ヘルバルト主義」普及を目的とした講習会ブームのことが記されており、ヘルバルト派でなければ教師にあらず、というような風潮まで生まれる始末であった。

ヘルバルト派教育学が全国の教師、特に小学校教師に急速に浸透したのにはいくつかの理由が挙げられる。

まずは、方法論が明快な点である。五段階（または四段階）としての授業展開はその仕組みが明快で、各段階ごとの成果と課題を把握しやすく、また特別なスキルが要求されるのでもない。より良い授業を求め始めた教育界の流れの中で、個々の教師にとって、自らの教育力を上げる拠りどころとなる方法であったのである。

次に、同教育学の実践的段階において、他教科との連携が図りやすいという点である。小学校教員においては、全科を教える立場であるため、ヘルバルト派教育学が「連合」として示す、他教科の既習事項との「比較」や「連結」が、学習効果として実感されやすいという面があった。これは、例えば国語科で学ぶ新体詩の内容が、唱歌科で学んだ歌と関わっていたり、修身科で学んだことが、そのまま国語科につながっているというように、児童に無理がない学びとして教師に認知されていったということである。実際に、ヘルバルト派教育学を踏まえた「学習指導案」から、そのような事例を多く見ることができる。

そして、もうひとつ大きな理由としては、同教育学の目的が、これらの方法を通して、「人格の陶冶」を目指していること、つまり、児童・生徒の心性を高めるという点に置かれていたことを挙げておかなければならない。「趣味あるもの」、つまり美的なものに触れることで、子どもの内面に倫理的な人格が形成されていくという考え方は、当然、「改正学校令」の方向と合致する。

「改正学校令」策定・導入の中心となったのは、当時、普通学務局長を務めていた沢柳政太郎である。沢柳は、後に、大正自由主義教育の中心にいて、成城学園の校長を務めた人物である。当時、既に心理学の講義録やペスタロッチの伝記などについての著作があるが、彼もまた、ハウスクネヒトから同教育学を学んだうちのひとりであった。一八九五（明治二五）年に出された『教育者の精神』（富山房）には、ヘルバルト派教育学を踏まえた考えが散見される。

児童の心は美しきものなり、少さき優しき彼の手足の運動は豈に美ならすとせんや。活発にして殆ど覊束すべからざる児童の、能く命令の下に或は進み或は止まり、態度規律に協ふ、豈に優ならずとせんや。美術の情なしと云はゞ已まん、苟も美術心あらは教育は純潔なる美的興味に富む事業にあらすや。（略）涵養せんと欲するは徳性なり、涵養せられんとするは徳義なり、教育は道徳の事業なり（略）

（「第七　教育は興味多き事業なり」）

これは「ヘルバルト主義に於て教授の目的なりと絶叫する多方の興味てふことを此に借り来らんか」という一文に続くくだりである。ここには、「美的興味（審美的興味）」により心（ここでは教師の心）が「涵養」される、というヘルバルト派教育学の反映を見ることができる。ちなみに、ヘルバルトの「多方の興味」とは、沢柳自身が訳した『格氏普通教育学』[注3]に拠れば、「経験的興味」、「推理的興味」、「審美的興味」、「同情的興味」、「社会的的興味」「宗教的興味」に分類され、「多方ノ興味ヲ養成スル」ことで、「学童ノ精神」が形作られていくものとされている。

このように、「改正学校令」を押し進めた、沢柳の教育思想には、ヘルバルト派教育学の影響が大きく反映していると言えよう。沢柳がどこまで意識して同教育学を「改正学校令」に反映させたのかを明らかにするのは難しいが、少なくとも同教育学の理念に共感している沢柳が基本的な方針を定めた「改正学校令」には、同教育学と通じた理念、つまり「美感」の形成を通した「人格の陶冶」形成という同じ教育的理念が共有されていると考えることができよう。

また、ヘルバルト派教育学が教育現場に急速に浸透した理由として、日清戦後の時代相ということも考えられる。日清戦後においては、若者を中心に、審美的なものに対する希求が高まっていた。後に触れるように、それは「美文ブーム」とも言うべき現象までも生み出している。これは、日清戦中から直後にかけて、夥しく発表された軍歌、それまでとは違った「リアル」な軍歌が、個人の情の発露を支える仕組みとして機能し、それが戦後においては、感情表出、抒情的なものへの志向として顕在化したものだと考えられるが、このような審美的なものに対する志向も、ヘルバルト派教育学の浸透に間接的に関わっていたと考えられる。

国語教育の実践においては、このような背景のもと、その授業の多くが同教育学の方法でなされることになっていく。当然このような傾向は、「国語」に限らず、「修身」や「唱歌」といった、子どもの情感に直接かかわる教科目についても同様の傾向を示すことになるのである。同教育学を踏まえた、泉英七『小学教授原論』(三四年八月)には、「審美的興味」のため、つまり「美を感じ、及之を実現せん」がために、文学教材、韻文教材が必要であること、「国語科は其趣味ある文字詩歌に於て(略)美育に寄与するもの」との主張を見ることができる。また、『小学校教授法』(原安馬・末広菊次郎共著、金港堂書籍、一九〇一年一一月)にも、「読本は、(略)其の文章は平易にして、国語の模範となり、且、趣味を有せしめ、乾燥無味なるを避けざるべからず。従ふて、美文、詩歌等を挟むも宜しからん。」と記されている。その他、ヘルバルト派教育法を踏まえて著された教育書の多くに、「趣味」「美育」「美文」について、同様の捉え方がなされるのである。

また、西田常男「小学校の修身科に就いて」(一八九九年五月「北海道教育会雑誌」第七十七号)には、ヘルバルト派教育学の特徴が明確に示されるとともに、「品性を陶冶」するために、「昔話」が用いられている。

近来高等師範学校附属小学校に実験せられつゝある昔話の如き或は重にヘルバルト派の綱領に據て選択せらるゝものならん　同派に用ふる修身科教材は(略)之を課するに五つの要件あり

第一子供らしく簡短にして想像的ならざるべからず

第二其排列道徳的判断を呼び起す為め最も適切にして自然に児童の品性を陶冶すべきものならざるべからず
第三人事の理法を明かにしながら適当に自然界との関係を保ち且教訓的なるべし
第四後に至りて易く思い起すことの出来るものならざるべからず
第五統一的にして多方興味の源泉ならざるべからず
とライン氏更に之を説明して（略）

日本に大きな影響を与えた五段階教授法を考案した、同教育学のラインは、更に、「品性を陶冶」するために、教育現場で「童話」や「昔話」を教えることを推奨している。これもまた、国語科へ文学教材が積極的に導入されていった理由になっているのである。

四、ヘルバルト派教育学の実際〜北海道の事例から〜

ヘルバルト派教育学の導入展開が早かった北海道教育界の様子の紹介を通して、教育現場での同教育学のあり方を見ていきたい。「北海道師範学校同窓会雑誌」一八号（一九〇〇年七月）には、同窓会会員「蟻群孤客」が「北海道と趣味の教育」という一文を寄せている。

槇山栄次先生、職を秋田より転して我校に臨まる。先ず筆を北海道教育雑誌上に取りて、美的教育の必要を述べらる、曰く
移住の多くは是実利実益を目的として来る者なり、実利実益敢て不可なるに非ず、然れども実利実益を求

むることにのみ急なるときは、其極精神をして卑野ならしめ、物質的のことをのみ重じて、精神上の嗜好を有することなく、閑雅の風全く失せさりて、遂に道徳を害するにいたらん、此弊風を矯めんがため、小学校に於ては大に美的教育を盛んにし、気品を高むることを力むべし

ここに挙げられている、槇山栄次は、北海道師範学校に着任したばかりの校長で、ここにある通り、秋田師範学校からの転入である。槇山は、ヘルバルト派教育学を踏まえた教育書も出版しており[注4]、北海道師範学校は、この槇山校長を得て、大きくヘルバルト派教育学の導入が進むのである。ここで槇山の主張する、「美的教育」について、この筆者・蟻群孤客も賛意を表して、次のように述べる。

人間の品格は、美育、趣味の教育のいかんにより定まるもの也、今の世人、下等の快楽に沈湎し、以て江湖に醜名を伝ふるもの滔々風をなせるは、全く此教育の欠くるあるがためにあらすや。（略）趣味の教育これのみ、これのみ、然り本道の教育家たるべきものは、利慾のために無味に化せられたるかれ等の頭脳に、大に趣味を注入し、一は彼等の家庭の情態をすすめ、他は社会の品位を高め、小学校に於ては大に趣味の教育を盛ならしむべきなり。

「美育」、「趣味の教育」をなすことは、「本道の教育家」に求められている要件とされている。このように、教育現場、特に小学校教育において、美による品性の陶冶という教育的価値観が時代を覆っていくのである。ここにもヘルバルト派教育学の影響を色濃く見ることができる。

北海道の教育現場での実践展開として、まず、北海道師範学校におけるヘルバルト派教育学を中心とした教

育専門科目の開講が挙げられる。これについては当時使用されていた教科書からもその強い影響を窺うことができる。明治三二年から二年半校長を務めた槇山は、自身、同教育学に依拠した教育書（前掲）により講義をおこなったようである。また、北海道師範学校に赴任した教員の多くは、東京高等師範学校出身者であり、そこで同教育学の薫陶を受け、任地に赴いたことが予想される。その結果、北海道師範学校出身の、多くの道内の小学校教員は、教育実践において同教育学の強い影響下にあったといえる。同師範学校の訓導を務めた、南野三郎によれば、同師範学校付属小学校では、同教育学に依拠した教育実践を行うため、同校編纂の「各科教授提要」（富貴堂）を作ったという。また道内の小学校教員は、附属小学校を手本にしていたとのことであった。

教授法について言ふならば、例の五段階教授法といふものが開発教育に代つて幅を利かしたのが岡本勝又主事時代からで、佐藤主事時代に教生指導のために指針が欲しいといふので各科教授提要といふ名のものを編纂した。勿論五段階教授法を実地各科に応用せんとするもので、始めての試みであつただけに多くの日数を要した。訓導連も行詰まつて了つたので、佐藤主事が原書を訳して指導された事もあつた。之が教生の指導用ばかりでなく、五段階教授でなければ教員でない位に思はれて居たのだから、全道の先生方にも歓迎され、富貴堂から出版するに至つた。随而地方の教員の参観も相当あつた。実地授業の研究時代とでも言つたらよからうと思ふ。

「二度のお仕へ」（南野三郎、「五十年回顧録」札幌師範学校附属小学校、一九三六年七月）

附属小学校の訓導が「五段階教授法」を「実地各科に応用」することが目されており、そこで作られた教員用のテキスト『各科教授提要』は、道内小学校教師の模範となったのである。

このように、北海道教育界では、札幌高等師範学校と同附属小学校とが道内小学校の模範となって、率先してヘルバルト派教育学に基づいた授業実践がおこなわれていたのである。

五、国定教科書の時代〜言語教育か、文学教育か〜

これまで明治の国語教育とヘルバルト派教育の関係について述べてきたが、先に触れたとおり、明治三〇年代は、青少年を中心に、社会的にも「美しいもの」に対する強い志向が見られた時代と見ることができる。実際の顕れを美文ブームなどに見ることができる。

大学出身の大町桂月、武島羽衣、塩井雨江等新体詩に勉め美文を属し遂に三氏の短篇、美文、新体詩を合て「花紅葉」を刊行し与謝野鉄幹亦変調の新体詩を孕み「東南南北（ママ）」「天地玄黄」等の文集を出す、これより再び新体詩紀行文の流行を来し、此種の著作続々として出て中学生亦好んで文を属するに至り従て文学雑誌大に起り美文韻文の声黄吻に喧伝せらるゝに至る。（中略）出版界は殆ど文学的の大小産物に圧せられたり、是れ実に三十年より三二年に至るの現象なり。

『美文自在』（高松茅村、太平洋文学社、一九〇〇年三月）

武島羽衣は、美文などを求める社会と、それに呼応した教育の必要性、つまり美育、文学における美育の必要性を主張している。

我国の教育に於て従来欠くるところありしは、趣味の養成なりき。殊に中学に於ける国文学を教ふるに於ては、文章としての価値はともかく、成るべく倫常の通を説き、日常の智識を与ふること多きものゝみを撰びて、美を歌ひ真を歌へる詩歌の如きは殆んど顧みざる有様なりき。趣向の程度低ふして文学の真味を解するものを、一人だに中学生徒に望むあたはざりしはうべなりといふべし。此頃報告せられたる国語科教授課目の如きはやゝ是欠陥を補へるものか。例せば一年生の講読科に新体詩を入れ、二年三年生の講読科に今様歌をとり、四年生の講読科に中古の歌集を用ゐ、五年生の講読科には近世の和歌を読ましむる如き、あるは、四年生の講読科わりは修辞上の智識を与へ、五年生のよりは、外国文学の翻訳を加へて、東西文学趣味の異同を翫味せしむる如き、(中略)いづれか趣味の養成を促すのあとならむや。

(「趣味の養成」武島羽衣、「中学世界」第一号、一九〇一年九月)

武島自身、「改正学校令」に準拠し国語教科書の編纂をしているため、「此頃報告せられたる国語科教授課目の如きはやゝ是欠陥を補へるものか」と、教育の動向に目配りしている。

そのような状況の中、「修身」「国語」「日本史」「地理」「図画」の五科目では、教科書の国定化が図られる。一九〇四(明治三七)年から使われた、第一期国定教科書「尋常小学読本」「高等小学読本」の内容は、これまでとは大きく異なるものであった。これまでの、美しいものに触れることを通して「人格を陶冶する」という方針は、影をひそめ、「言語技術」教育としての「国語」として、改めて位置づけがなされていたのである。

それに対して、小学校の教育現場からは、多くの不満の声が上がった。

噫国定読本、何為ぞそれ彼が如く、無趣味殺風景の甚だしきや。吾人は固より一国の読本、而も文明国民の説く本なれば、時勢の進運上、科学思想の養成及理学経済観念の修養の、適切且つ急務なるを感知する者なり、而して之を感知すると同時に、文学的趣味、国民的情操の涵養、亦一日も等閑に附すべからざるをも感ずる者なり。今吾人は該読本を読むに及んで、其余りに科学的材料の勝過ぎて、殊に比較にならぬ迄、文学的材料の乏しきを、大いに遺憾とする者なり。

『韻文の作方』（三宅衍星、積善館本店、一九〇六年）

第一期国定読本の教材内容は、科学技術養成のためのテクニカルな文章や経済的観念の形成につながる内容が中心であり、そのような文章を読み、理解し、書くということが、教育目標とされていたのであった。これは、小学校現場から頗る不評で、また、そのような内容の教材は、児童を対象にした、国定教科書教材の好悪調査からも、全くの不評であった[注4]。そのような不満を受け、早くも一九一〇（明治四三）年には、改訂され、第二期国定教科書が出される。そこでは、言語教育的な方向を改め、再び、文学教材を重視した編集がなされている。

1、人文自然の両方向を調和して選択し、初学年では主として自然的の材料を多くし、級の進むに従つて人文的の材料を多くしたこと。／（略）／3、児童の心意発達の程度を顧慮し、且前後の連絡にも注意したこと。／4、旧読本は理科的・地理的の自然的材料が多くて、歴史的・文学的の人文的材料が乏しかつた。現行読本は歴史・理科・文学・地理・修身・実業・法制経済のすべてに亘つて普遍的に選択し、殊に趣味に富んだ修身的材料を増加したこと

『国語教授法集成』（佐々木吉三郎、外、一九〇六、七年）

実際に、「高等小学校読本」巻二に納められた新体詩「森林」では、次のような評がされている。

又一種趣の異なつた感興を喚起し、清新な幽遠な寂寞な自然の美趣に恍惚たらしめる（略）此の如く吾々の心は自然や人事の或物にふれて動く。優美なものに触れるとそこに優美な心が動き、壮烈な事柄にふれると、そこに壮烈な心が動く。喜び、悲しみ、怒り、憤り、愛し、悪む、皆必ずそれ相当な事柄がなければならぬ。」「物の実在に触れるには、どうしても総合的直感的の態度を採らなければならぬ。

『読方教授要義』（友納友次郎、目黒書店、一九一五年四月）

「優美なものに触れるとそこに優美な心が動き」というくだりから、美しいものに触れることで起こる「人格の陶治」がまさに目されていることが分かる。この書物を著した友納自身が、第二期国定読本編纂者の一人であるので、第二期国定読本の編集方針は、ヘルバルト派教育学の教育理念をまさに反映したものと言えるのである。

既に時代は大正である。大正から昭和初期に花開いた、円本ブームなどに代表される傾向は国語教育のこれまで述べてきたような方向性と無関係ではなかったように感じられるがいかがだろうか。

六、再び、現代の国語教育へ

一九〇〇（明治三三）年に成立した「国語」科において、文学教育がどのように生まれ、どのような転変を辿ってきたのかをこれまで述べてきたつもりである。最初に述べたように、この状況は、現在の状況といくつかの共通点を持っている。

まず、「国語」という教科目の位置づけである。「思考力」「論理性」重視することは、科学技術の発展を中心に据え、イノベーションを引き起こし、産業を振興させようとするいわば国策につながる「実利」であり、そのために文学教育が否定されている。明治期においても、政府が求めるさまざまな事項、つまりナショナリズムの基盤としての日本史、また産業振興を支えるための西洋的な知識等、これらを学ばせるため、手段としての言語教育がなされていた。しかし、「改正学校令」により、「国語」は、他から独立することで、「実利」に従属することをせず、美的なものに接して「人格を陶冶」するという方向を打ち出した。それが何をもたらしたのかについては、正確に捉えることは難しいが、大正デモクラシーを支えた人々の感覚、または、先に触れたように「円本ブーム」という形で顕現化した大衆の文学嗜好やそれを支える感性の形成に寄与したと考えることはできないだろうか。

明治期の教育現場では、文学教材が好まれていた。教師がヘルバルト派教育学を積極的に導入したのは、当然、児童・生徒の希望を裏切っていないからである。現在でも、多くの教育現場では、文学教育はなされている。そしてそれは明治の子どもたちと同様に、児童・生徒から支持を得ているのである。それはなぜか。時代を越えて共通するものは、人は未知のもの、こころかきたてられるもの、ドキドキするものを、読書を通して、疑似体験として求め、その時間が自らの生において価値あるものと感じているからではないだろうか。そのような体験や経験の時間は、「競争」や「成果」から解放された満足したものとなる。

一方、「実利」的なものに価値を置く「国語」から、失われるものは多い。物質的な豊かさが人生の幸福感に比例していない国として、まさに国際的に認知されている日本において、「実利」を得ることが、やはり個人の「幸福」につながっていないとすれば、たいへん悲しいことである。村上春樹は、二〇〇六年にフランツ・カフカ国際文学賞を受賞した際の新聞インタビューで次のように述べている。

今あるような圧倒的なまでの資本主義的世界にあって、少なからざる人々は、数値や形式や物質や固定観念から離れたところに、かたちにならない個人的な価値を見出そうと努めています。それはもちろん当然な要求ですし、小説家はそのような「かたちにならないもの」を物語というかたちに置き換えて、人々に提示していくことを仕事にしています。その「置き換え」の鮮やかな有効性の中にこそ、小説の価値はあります。

（「ポスト・コミュニズムの世界からの質問」『雑文集』、新潮社、二〇一一年）

ここには、「実利」から解き放たれた人間のあたりまえの姿が示されている。文学の価値はここにあり、文学教育はそこに至る経路を示すことで、新たにその役割を得ることができるのではないだろうか。文学教材は、どのようにして読むかではなく、「「読みたい人」を作り出すこと自体が目標」（前出、市毛勝雄）というのも首肯できる見解である。

［注1］『国語科と文学教育論――文学教育論と指導研究――』（市毛勝雄編、『国語教育基本論文集成』第16巻、明治図書、一九九三年）

［注2］ 明治二四年の「小学校教則大綱」では読本は、「読本ノ文章ハ平易ニシテ普通ノ国文ノ模範タルヘキモノナルヲ要ス故ニ児童ニ理会シ易クシテ其心情ヲ快活純正ナラシムルモノヲ採ルヘク又其事項ハ修身、地理、歴史、理科其他日常ノ生活ニ必須ニシテ教授ノ趣味ヲ添フルモノタルヘシ」と位置づけられていた。

［注3］『格氏普通教育学』（ヘルマン・ケイン、沢柳政太郎、立花銑三郎訳、富山房、一八九二年）

［注4］『実践教育学』（金港堂書籍、一八九九年）

［注5］『国語教授法集成』（佐々木吉三郎、育成社、一九〇六年）には、国定教科書　好悪の調査がされている。また同様の調査は、同じく佐々木の、『国語教育撮要』（育成会、一九〇二年）でもなされ、その際、「児童は文学的のものを好む」という結果が出ている。

楽しい音楽分析（アナリーゼ）
——イメージを広げる楽譜の読み方——

岩河智子

それでは、これから、国語教育の専門家のみなさまに、すこし場違いかもしれませんが「音楽分析＝アナリーゼ」の話をさせていただきます。

アナリーゼとは「音楽の読み解き方」。これは、文章の読み解き方とそっくりです。たとえば一つ一つの和音を確認することは、一つ一つの意味を調べること。それから、ある旋律を観察することは、ある文の意味をとらえることに似ています。考えてみればこれは当然のことで、音楽の世界の言葉、いわば「音楽語」を勉強することが音楽理論というものなのです。音楽理論とは、音楽の世界の文法と言えます。

文章を読む時に言葉を調べるだけでなく、大きな段落どうしを照らし合わせて、文章の流れを掴みますが、音楽の世界でも全く同じ。時にはおおざっぱに全体をとらえることも大事です。こまかい目の付けどころに気をつけて、そして大きな形を見失わないように音楽を読んで行きましょう。

一、アナリーゼとは？

「アナリーゼ」とは、楽曲の中のいろいろな事件を発見することです。目の付けどころはいろいろ。旋律の動き、リズムの対比、バスの様々な特徴。和声（ハーモニー）や転調のプランは、まず第一に考えたいことです。時には楽曲全体を図解して、大きな見取り図を把握することも大事です。

アナリーゼをして音楽の出来事が浮かび上がり、曲の姿が明らかになると、自分自身のイメージが大きく膨らみます。演奏家は強弱や音色、テンポ等のアイデアが沸き、確信をもって演奏することができます。音楽の聴き手はより深く内容を味わい、いろいろな演奏を聴き比べる時の揺るぎない手がかりを得られるのです。

よく若い演奏家が、先生に「あなたの演奏は正確だけど、音楽的に面白くない」といわれ、悩むことがあります。「音楽的」とはどういうことでしょうか。思い入れが足りないのでしょうか。妙に気持ちを込めて演奏しても、ただテンポが遅くなるだけだったりして、演奏の豊かさには結びつきません。そのような時にいろいろな観点で曲をアナリーゼし、沢山のイメージを得ることが大切なのです。

また音楽の「事件」をキャッチすることはとても楽しく、音楽というものが芝居や劇と同じドラマであり、所々に事件が盛り込まれていることがわかるでしょう。そのサスペンスを味わうことが音楽の楽しみ方の一つなのです。

二、アナリーゼの観点

別表にアナリーゼの観点をまとめてみました。（表1　アナリーゼの観点）旋律、和声、バス、に分かれています。このうち、旋律は「メロディーの動きがどんな感じか？・」を見るもので、とらえやすいと思います。

例えば、旋律の進んで行く「方向」。上行すると元気な感じがしたり、下行するとへたばって行くような雰囲気等、たくさんのイメージが浮かびます。

また、旋律の「音域」についてはどうでしょうか。「高・低」ということで見たとき、たとえば低い音域の旋律はひっそりと穏やかな感じ。また「広・狭」ということで見た場合、広い音域を動き回る旋律は伸びやかで開放的な印象を与えるでしょう。

ここで大切なのは、「上行」や「音域の低さ」は客観的な事実。そして、元気な感じ、伸びやかな印象というのはイメージです。イメージは十人十色。客観的な音楽の事実をしっかり押さえて、その後はそれぞれの人

表１　アナリーゼの観点（本来複合的）

A　旋律……どういう動きか？
- （1）方向　上行・下行・水平
- （2）音域　高低・広狭
- （3）音程
- （4）リズムの対比
  アウフタクトがあるか？
- （5）フレーズの長さ

B　和声……どんな色？　安定、不安定？
- （1）日常的な和声
  → 幼稚園のおじぎ（譜例 2）
  ↕
  特殊な和声（借用、減 7、増 6）
- （2）転調
  - a　同主調への転調
    （ex）イ短→イ長（「雪のふるまちを」）
  - b　近親調への転調
    （ex）ハ短→変ホ長（「運命」）
  - c　遠隔転調

C　バス……和声を支える旋律
- （1）指向性のあるバス
- （2）保続音
  - a　主音
  - b　属音
- （3）低音位
- （4）両外声の関係
  - a　方向
  - b　音程

が自由にイメージを繰り広げてほしいのです。

それでは、実際の曲をアナリーゼしましょう。

三、内村直也作詞、中田喜直作曲「雪のふるまちを」のアナリーゼ

まずはひととおり歌ってみましょう。

（譜例 1、CD Track 1）

もっと上手に歌えるように、これからアナリーゼをします。

①構成

先ず気が付くことは、AとBが全く違う色合いを持っていることです。Aは「イ短調」で書かれ、暗いモノトーンの世界。それに対してBはイ長調で書かれ、明るく色彩豊かです。二つの違った世界があるのです。

② Aの分析

㋐から㋔の旋律を、先ほどの観点を用いて観察してみましょう。

㋐ミから始まりミに終わる。水平な旋律。音域も低めで、暗い印象。

㋑同じくミから始まりますが、旋律は何かを求めるように「上行」します。㋐と㋑は同じ歌詞ですが、例えてみると㋐でうつむいていた人が㋑で首をもたげたようです。㋑は少し盛り上げて歌いたいですね。作曲

譜例１「雪のふるまちを」

雪のふるまちを
みなさん
歌ってください！
内村直也 作詩
中田喜直 作曲
A イ短調
Andante 静かに(♩＝56)
ア
ミ 1.ゆきのふるまちを ミ
水平
a：I
VI1
I
イ
ゆきのふるまちを
上行
V7
ウ
おもいでだけが
下行
I
VI1
エ
とおりすぎてゆくー
ころぶような
三連符
下行
II17
V7
オ
ゆきのふるまちを
「アウフタクト」小節に
先んじて現れるリズム
I
V7
カ
とお
ひたすら上行して、
しあわせの世界へ
B イ長調
最高音ミ
キ
ク
いくにかーらおちてくる このおもいでを この
A：IV/V7
IV+6
I+6
ニ長調の和音
Coda（終結部）
ケ
コ
おもいでをいつのひかつつまん あた
°VI
°II17
I
イ短調の和音
たかきしあわせのほほえみ
最高音
かみしめるように 上行
VI
°VI
°IV
I+6
イ短調の和音
劇的な幕切れ

者も「クレッシェンド」の記号を書いています。㋒、㋓この二つは高い音からの下行線。少し盛り上がった部分が落ち込みに転じ、一番最初のミの音に戻ってしまいます。

特にきれいなのは、㋓の旋律。まずころぶような三連符のはかなさ。また「通りすぎて」の和音は、日本情緒豊かなわびしい響きで、日本人なら誰でも知っている「さくらさくら」にも多く登場します。

このことから、「思い出だけが通りすぎて行く」様が、せつない情感をもって胸にしみてくるのです。

㋔の旋律は、これまでのどれと同じですか？　そう、㋑と同じく、何かを求めるように上行しています。その求める答えとは？　㋕の部分へ続いて行きます。明るく色彩豊かなBという世界が目的地なのです。

それではここで、もういちどAを歌ってみましょう。旋律の方向に注意して、例えば㋐は沈滞するように、㋑は登っていく勢いが出るように、変化をつけて歌ってみて下さい。

（CD Track 2）

③　Bの分析

この部分が明るい色調を持っているということは、前に確認しました。各旋律、そしてそれらがまとっている和声の色合いについて見て行きましょう。

Aの部分が低いミの音を含む旋律が多かったのに対して、この高いミの晴れやかな美しさはどうでしょう。暗さから抜け出して明るい幸せの最高音を形作ります。

また、「アウフタクト」の出現というのも大事な事件です。「アウフタクト」とはリズムの特徴の一つ。小節線に先んじて現れる誘い出しのリズムのことです。Aの部分ではアウフタクトは無く、各旋律は重たく始まっていました。ところがBの部分では「遠い」の「とお」、「この思い出を」の「この」、「いつの日か」の「いつ」、「あたたかき」の「あた」、「しあわせの」の「しあ」、「ほほえみ」の「ほほえ」というアウフタクトがリズムを躍動させています。Bの部分は生き生きとした流れになっているのです。

また、Bは長い旋律となっていることにも気付きます。いちいち途切れるような㋐、㋑などの旋律と比べ、みずみずしく思いが溢れるようです。

㋖、㋗同じ歌詞を持つこの旋律はまったく違う色の和声をまとっています。どちらが明るいでしょうか。㋖はイ長調の和音で、あたたかく明るいイメージですが、㋗はなんとイ短調の和音を使っています。Aのイ短調の記憶が蘇り、ふと虚ろな青ざめた表情となります。

㋘の旋律の和音はどこかで聞いたことがありますね。わびしい日本的な響き。そう、㋓の三連符のところにあった「さくらさくら」の和音ですね。ここにも短調の記憶が蘇って、陰影を付けています。

そして、コーダの㋙の旋律はどんな音程で出来ていますか。「あたたかき」など、同音反復が多いように見えます。しかし、もっと大きな目で見てみると、ラ→シ→ド→レ→ミという上行するスロープです。和声もイ短調の和音を取り入れる等、刻一刻と変わる色彩が、幸せの世界への大きな扉が開くような劇的な幕切れとなっています。

この様に見てみると、AとBは二つの対照的なイメージで出来ていることが分かります。それぞれの音楽的な事件とイメージを表にまとめてみました。（表2）

私は札幌で活動していますので、雪の季節にもずいぶん慣れています。雪が降ると交通機関が遅れる等生活するのが大変で気持ちが重くなります。灰色の沈んだ心、それがAの部分なのでしょう。

しかし、この詩人は雪というものが幸せの世界からの使者という捉え方をしました。降る雪を見ているとそんな夢のような世界を思い描くことがあります。それがBの部分なのでしょう。イ長調で他の調の和音もたくさん取り込みながら、ばら色の音楽に仕上がっています。

音楽の細部を観察し、大きな段落としてまとめ、「雪のふるまちを」のアナリーゼが終わりました。浮かび上がったいろいろなイメージをもって、それではみなさん、最後に表情豊かに歌ってみて下さい。

（CD Track 3）

表2

観　点	A（イメージ）		B（イメージ）	
調	イ短調	暗い	イ長調	あたたかい
音域	低い（低いミ） せまい	沈滞	高い（高いミ） ひろい	のびのび
フレーズ・リズム	フレーズみじかい アウフタクトなし	どんより	アウフタクトでフレーズ流れる	みずみずしい
和声	単調 （4種類しかない）	無表情	多彩 （他調の和音を借用）	表情ゆたか

四、ベートーヴェン作曲「交響曲第5番『運命』」のアナリーゼ

それでは次に、有名な「運命」の第1楽章をアナリーゼしてみましょう。

クラシック音楽は「機能和声の音楽」とも言われ、「和声」すなわち「ハーモニー」に則って作曲されます。「和声」の一番根本的な原理は、幼稚園のおじぎの音楽に隠されているのです。3つの和音から成る次の和声を聴いてみましょう。

（CD Track 4）

譜例2　幼稚園のおじぎ

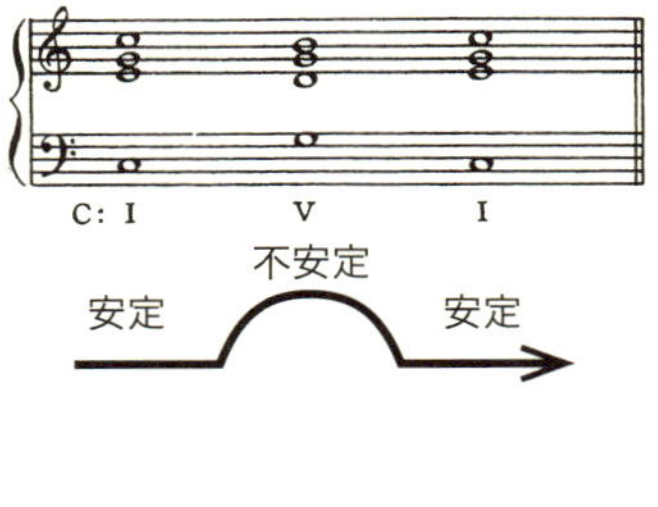

まず最初のI度とよばれる和音で子どもが「気をつけ」をします。I度は安定を示すので、身体もしっかり直立するのです。つぎにV度と呼ばれる和音でおじぎをします。V度は安定から飛び出した「不安定」な和音。身体が傾くのです。しかし、傾いたままでは困ります。もう一度まっすぐな姿勢に直るのが、三つ目のI度の和音です。安定から始まり、不安定に揺れて、また安定に戻る。これが、クラシック音楽の大事なハーモニーの原則です。安心感と緊張が交替することで、私たちの心は音楽に惹き付けられて行くのです。

それでは、このことを念頭において、「運命」のアナリーゼを始めましょう。いまから聴く部分は、ソナタ形式の提示部と呼ばれる部分です。

第一テーマAに引き続いて、異なる調で第二テーマBが現れることに注意して聴いて下さい。

（譜例3、CD Track 5）

譜例 3　Beethoven: Sym. Nr.5「運命」I 楽章　提示部

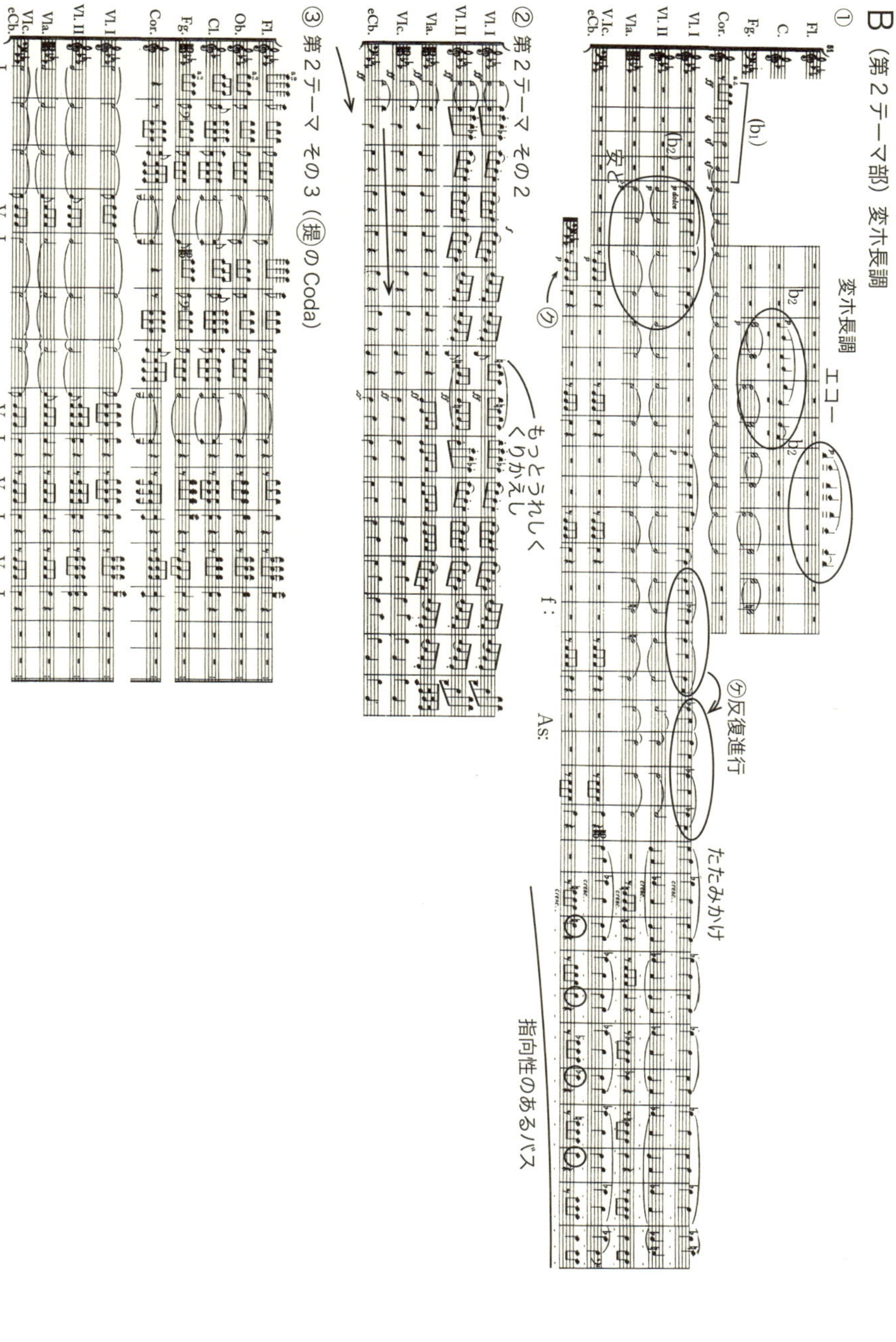
B（第２テーマ部）変ホ長調
①
Fl.
C.
Fg.
Cor.
Vl. I
Vl. II
Vla.
V.lc.
eCb.
(b1)
(b2)
安心
変ホ長調
b2
エコー
b2
ケ
ケ反復進行
たたみかけ
f:
As:
指向性のあるバス
②第２テーマ その２
もっとうれしく
くりかえし
③第２テーマ その３（提のCoda）
Ob.
Cl.
I
VI
VI
V
I
V
I
V
I

それでは、各部分を詳しく見てみましょう。「雪のふるまちを」と同じく、音楽の事件と、そこから浮かび上がるイメージに分けて書いてみます。旋律、和声、バスなどいろいろな観点を使ってみます。

（譜例3）

A（第1テーマ部）

①全楽器のユニゾンで運命の動機（a_1）がフォルティッシモ（ff）で提示される。ハ短調のⅠ度とⅤ度の和声。安定と不安定だ。㋐

→強引に断定する感じ。Ⅴ度で止まるので、サスペンス状態。緊張感がある。

→いろいろな声が運命の動機を小声でささやき交わすようだ。下行と上行が交互に現れる。譜面の模様がばらけた感じとなる。音量はピアノ（p）。㋑

→うなずき（下行）と問いかけ（上行）が繰り返され、ああでもないこうでもないと検討するようだ。㋒

これまでの㋐から㋒は、Ⅰ度とⅤ度の交替で出来ていた。安定と不安定の絶え間ない揺り返し。そこに楔のように打ち込まれる㋓の和音は、「増六の和音」と呼ばれる切迫した響きを持っている。

→「えらいことが起こった！」と叫ぶ感じ。㋓

では、ここまでをもう一度聴いてみましょう。

（CD Track 6）

②確保的推移と呼ばれる、①をふまえて移行する部分。再びユニゾンのフォルティッシモ（ff）で始まる。①を強く打ち消しているような始まり方。譜面の模様を見ると、上から順番に動機が伝染して行く。途中、減7の和音の響きがする。㋔

↓　不吉な胸騒ぎが広がって行く感じ。

㋕のメロディーは長い上行が計画されている。しかしバスは主音「ド」の音の連打。「主音の保続音」とよばれる安定した岩盤だ。メロディーはこの岩盤を6回も叩き付けている。（6回のsf）

↓　苦しみつつ激しく登って行くようだ。

③登り詰めた音から旋律は運命の動機を連ねて激しく下行する。（1）はⅠ度の和音（安定）、（2）はⅤ度の和音（不安定）、続く（3）は、フォルティッシモ（ff）で破壊的な減7の和音。㋕

↓　大地を揺るがすような激震。

つづいて突然㋖で明るい和音が鳴る。第2テーマ変ホ長調の兆しであるこの和音の出現は、絶体絶命のピンチに救いの手が現れたよう。

（CD Track 7）

B（第2テーマ部）

①運命の動機が明るさの中で現れる。開放感のある動きだ（b1）。つづく（b2）はリズムがなだらかでやわらかな安堵の表情。楽器を変えて、この（b2）のメロディーはもう2回こだまする。背後では㋗の「運命の

動機」も何事かをささやいている。

↓ 大嵐が過ぎ去り、ようやくあたりはほっと一息。

㋘もなだらかなリズムで、ヘ短調から変イ長調へと色合いを変えつつ反復され高まって行く。メロディーがたたみかけに入ると、バスは指向性を持ちぐんぐん上行して行く。

↓ じわじわと何かが膨れ上がって行くようだ。

②「第2テーマその2」というべき部分。それまでの高まりがフォルティッシモ（ff）に結集して、歯切れの良い喜ばしいテーマが歌われる。バスの様子を見ると、繰り返しのときリズムが増えているので、より一層嬉しく躍動しているのが分かる。

③提示部のまとめ部分（コーダ）。運命の動機が下行そして上行で現れる。和音はⅠ度とⅤ度の繰り返し。

↓ 波乱にとんだ提示部を整然と締めくくっている。

それでは、ここまでを聴いてみましょう。

(CD Track 8)

提示部を詳しく分析しましたが、今度はソナタ形式というものの筋書きを理解して、1楽章全体を大きな物語のように聴いてみましょう。ソナタ形式は次のようなストーリーです（図1）。

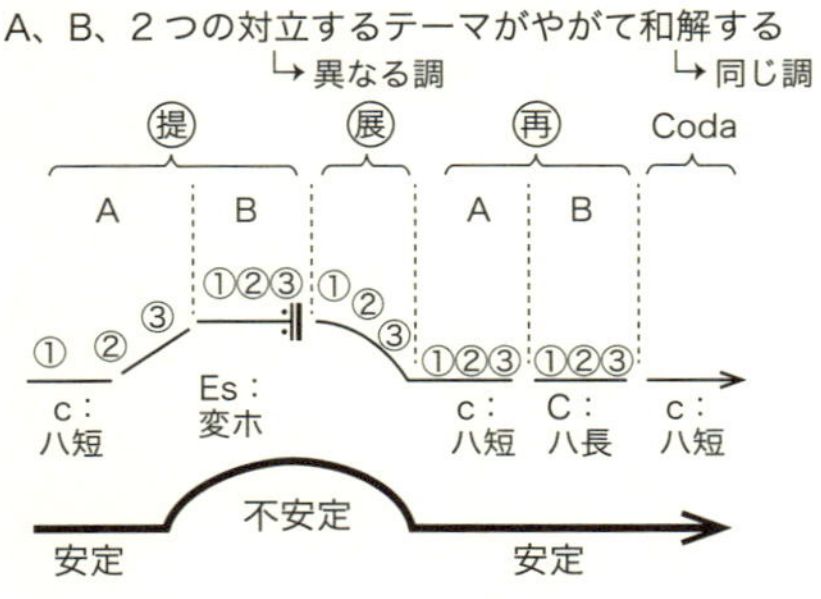

図1　ソナタ形式

1、提示部　第1テーマAに引き続き、対照的な第2テーマBが登場。BはAと異なる調なので不安定。例えると、男に続いて女が現れたが、二人の仲はまだ距離があるという感じ。

2、展開部　AB二つのテーマが解体、展開されていく。転調を繰り返しながら進んで行く様子は、男女が交際期間にあれこれと様々な体験を積むようだ。

3、再現部　第1テーマに続き、第2テーマが同じ調で現れる。提示部での対立が解けて、共感、和解に至ったようだ。男女が一つの心になって結ばれたようだ。

このような大雑把なストーリーを頭に入れて、1楽章全体を聴いてみましょう。

（CD Track 9）

アナリーゼをしてから音楽を聴くと、音楽の物語る内容が隅々まで分かり、また大きな構成も摑みやすく、自分のイメージがより一層広がるでしょう。演奏するとき、音楽を聴くとき、いつも少しだけ時間をさいて楽譜をアナリーゼしてみてください。音楽は一層楽しく感じられるでしょう。「アナリーゼの観点」をぜひ活用して、音楽とより親しくつきあって頂けたらこんなに嬉しいことはありません。

文学教育の実践における読みの理論の必要性あるいは困難さについて
——文学教育の可能性を切りひらく試みとして——

相沢毅彦

一、はじめに

日本では主に一九八〇年代以降、それまでのヨーロッパやアメリカにおける研究状況を受け、ポストモダン的ないしは関係論的世界観に基づいた研究手法、あるいはそれらの形式や用語だけを真似したものが主流となってきたという状況を指摘することができる。あるいはまた、そうした流れから派生したカルチュラルスタディーズ（文化研究）やポストコロニアル批評、フェミニズム批評や精神分析批評といった手法を用いた研究が「文学研究」の領域において主流となっている状況も見られるといえるだろう。本論はそうした状況に対して疑問や批判意識を持つ人々、あるいはポストモダン的な研究方法に否定的でありながら、かといってそれ以前のいわゆる実体論的な研究手法にも戻ることもできず、その双方を乗り越えていこうとする人々と問題を共有し、どのようにすればそれらを乗り越えることができるのかといった課題について共に考えていこうとするものである。

よって、逆に本論はポストモダンにおけるパラダイムチェンジを経た現在においてもなお実体論的な世界観を保持しようとする姿勢に対しても、関係論的な世界観認識のみによって研究を行っていこうとする姿勢に対しても批判的な立場をとっている。具体的には、例えば素朴に「作品内容とは書かれた文章中に客観的に存在する」、「作品の読みは一義に回収できる」といった捉え方や「読者はテクストにおいて何をどう読みとっても構わない」、「読みは恣意的なものでしかあり得ない」といった捉え方、あるいは「読解において、ある部分は確定できる（正解とすることができる）が、ある部分は決定することができない（正解とすることができない）」といった捉え方への批判となっている。また、そうした問題とも繋がっていると思われるが、「文学教育を廃止し、今後は言語技術教育等にとって代わられるべき」といった考え方（もっとも言語技術も大切だと考えるが）や「文学研究は文化研究にとって代わられるべき」といった考え方等に対する否定的立場ともなっている[注1]。また、なぜそうした捉え方（世界観）が問題なのか、あるいはどう変わっていかなければならないのか、あるいは文学否定の考えとはどのようなパラダイムから生じてきたのか、といったことについて論じたものとなっている。

その際、本論は日本近代文学研究者である田中実の諸論に拠っていることを最初に断わっておきたい。田中が提起している諸問題や主張は多岐に渡るが、そうしたものの中で私なりに理解し、繋ぎ合わせることができる部分を抽出し、整序したものが以下の論となっている。よって、こうした作業で目指したものは田中の理念をそのままに保持しつつ、田中によって提起されている諸命題を私なりに解釈し咀嚼したものを、一つの論の流れとしてアレンジすることであった。

田中の一連の論をこのように提示していく必要があると考えたのは、前述したような文学研究上、あるいは文学教育上において齎されている実体論と関係論の問題について、言い換えるならばモダンとポストモダンにおける問題についての田中の考察や批判が非常に重要なものと考えるからであり、またそれらを乗り越えるための新たなパラダイムを田中が具体的に提示してもいるからである。管見のところ、ポストモダン以降の文学研究、文学教育において、旧来の文学観への揺り戻しや、実体論と関係論の双方の手法を混在させるものは多々現われたものの、現在の文学研究、文学教育研究の領域において、それらの矛盾を突き抜けた上での文学観を提示しているものは田中のもの以外には見あたらないように思われる。このような論を展開する必要があると感じるのはこうした理由によってである。

二、読みの理論の必要性

小説を書くのに理論など必要ないと考える人がいるように、文学教育を行うのに理論など必要ないと考える人もいるかもしれない。しかし、実際に文学教育を行う上で、これまで歴史的に困難な問題が幾つも存在したことも事実であり、それらを経験則、あるいは授業を受けている者ひとりひとりと向き合うこと（これらもまた非常に重要なことだと考えるが）等のみによって解決できると考えるのには限界があると思われる。なぜなら多くのそうした問題は教員の授業のやり方の善し悪しだけではなく、あるいは善し悪しを越えたところでの原理的な問題が含まれていると考えるからである。そうした原理を突き詰めて考えるためには理論的な考察が必要であると思われ、授業という「臨床的な場」を扱う際にも、専門的な知識や理論を持たない医者がいないように、何の理論も持たずに（授業者にそれらの理論的背景を提示するかしないかはともかくとして）授業を行うことは、少なくとも私にとっては、甚だ心もとないことのように思われる。

あるいはまた、そもそも文学教育など必要ないと考える人もいるかもしれない。しかし、そうした「考え」

自体がある時代的なパラダイムに絡めとられてしまっている可能性を（すべての人がそうであるとは限らないが）指摘することができる。それはちょうど文学教育について積極的に疑うことをしなかった時代にそれを疑わなかったことと同様、日本におけるポストモダン的パラダイムチェンジ以降において文学教育など必要ないと捉えてしまうこと自体、時代的陥穽に嵌っている可能性があるからである[注2]。付言すればかつて私もまた文学教育における価値の自明性に対し懐疑的であったのであり（現在では積極的にその「価値」を最大限に引き出そうとする考え方へと変わっているが）、また一旦はそうした自明性を徹底的に疑わなくてはならないとも思うのだが、以前とはそうした問題に向き合う形は全くと言っていい程違いつつも、今なお別の形でそのような時代的パラダイムの問題との葛藤、格闘の中にいるのであり、拙いながらもそれらの問題について自分なりに提示していきたいと考えている。

時々、文学理論を国語の授業、あるいは文学作品（テクスト）の読みの方法として導入しようとしているという話をすると、ある理論的な枠組みがあり、単にそれを作品の読みに当て嵌めることなのではないかと思われてしまうことがある。しかし私にとって理論を踏まえた読みの行為とは、決まった型を当て嵌めるものではなく、どのような姿勢で対象の文章と向き合うのか、あるいは「読者」（児童、生徒、学生等）に向き合わせるのかといった自らの世界観認識の問題としてあると考えている。そして、それらを問うことは読みの固定化・限定化をもたらすのではなく、むしろ理論的な方向性を明らかにせず、漠然と読み、また読ませていった時よりも、読みをひらいていく可能性に繋がっているのではないかと思っている。そのため文学理論の必要性やそれに伴う困難さなどの問題を通して「文学教育の可能性」について考えていくことにしたい。

また、ここで扱う世界観認識の問題とは（「認識」の変容について数を用いて表現するのは憚られるのだが）便宜上大きく二つの転換として考えようと思っている。一つ目は実体論的世界観から関係論的世界観、ないしは相対主義的世界観への転換（すなわちこれはポストモダンに関係する問題であるが）についてであり、二つ目はそのようなポストモダン的世界観からさらにその先の世界観への転換についてである。そこでまず一つ目の転換について見ていくことにしたい。なお、こうした世界観の違いが文学教育の、あるいは文学研究の方法論の違いを生み出し、現在引き起こされている様々な教育や研究上の問題と繋がっていると考えられるが、それらの具体的な問題や方法論の違いについてはそれらの世界観の違いについて述べた後で指摘していくことにしたい。

なお、これから述べていく事柄に関しては、基本的に私の勤務校における二〇一〇年度、一一年度に行った授業の内容をベースとして文章化したものである。そのため必然的に研究者や教育者にとっては確認するまでもないベーシックな内容まで含まれており、また過度の省略化や単純化が行われていることも否めないことを断わっておきたい。こうした理論的な事柄を「授業化」という生徒への志向性を持った作業をすることによって、あるいは生徒との質問を含めたやりとりを通して、知的了解のレベルでしか把握されていなかった事柄が何であったのかということが自らのなかで明確化され、「理論」が単なる「知識」としてではなく、「臨床的」な経験を経ることによって、自己の認識として血肉化していったことは大変意味のある行為であったと考えている。次からそれらの内容について具体的に見ていくことにしたい。

三、実体論から関係論へ

一つ目の「転換」について考える際、言語の問題、つまりここで想定しているのはソシュールから構造主義、ポスト構造主義といったいわゆる一連の言語論的な認識の転換について[注3]であるが、そうした問題が大きく関わっていると考えている。そのため授業ではまず、伝統的な言語観が示してきたように、事物があって（事物を認識して）、それを言語で名指しているのではなく、言語によって事物がそう見えている（事物を認識している）ことについての確認、ないしは説明を行った。ただ、そうしたテーゼを提示するだけでは理解しにくい可能性があると思われたため、鈴木孝夫の「自己基準と他者基準」[注4]という論を用いて具体的な説明を試みた。例えばその文章では、日本語では蝶と蛾は言葉としてはっきりと区別されている一方で、フランス語では蝶と蛾両方の意味を含んだ形でパピヨン（papillon）と呼ばれているという指摘や、日本語ではトカゲとヤモリは区別しているが、英語では共にリザード（lizard）と呼ばれているといった指摘が見られる。そのことは、日本語を通して事物を認識する者であれば蝶を見た時、蝶と認識することになるが、フランス語を通して認識する者は蝶を見た瞬間、蛾をも含めたパピヨンという概念的枠組みで捉える（捉えてしまわざるを得ない）ことになる。

あるいはこれは私が提出した例だが、英語による「ブラザー（brother）」と日本語の「兄弟」の概念において考えてみても、ブラザーという言語記号そのものには年上や年下の概念が伴わないのに対し（伴わせようと思った場合、エルダー（elder）、あるいはヤンガー（younger）といった語をつける必要がある）、兄弟と言った場合、それが年上であるか年下であるかといった概念抜きで表現することはできない。あるいは年上年下という概念以外を考えても（例えばキリスト教的な文化圏との違い等）、翻訳される場合にそれらに置き換えられてはいるが、実際には全く違った概念として存在しているといえる。

そうした言語体系による概念的区別の違いを提示することにより、言語の機能が事物を認識する際の「ものの区分け」にあるということを示すとともに、事物を認識した際にはすでに言語を通してそうしているということを（より根本的で厳密な議論を行う余地もあるだろうが）ここでは「感覚」として受け止めてもらうことを目的として行った。

そのような転換に従えば、私たちは素朴にそのまま事物を認識しているのではなく、事物ないしは「世界」を認識した時、もうすでに言語が介在しているということになる。このことは「言語名称目録観」の否定であると共に、言語体系、すなわち言語の区分け、関係性の網目を通してはじめて事物（あるいは「世界」）が私たちにとって「今、そう見えているように見えている」ということであり、逆に言えば言語がなければ事物の区分けがなされていないのであるから、私たちにとって「世界」は混沌としたもの、ないしは「自他未分」としてしか見えないということになる。

また、実際問題として言語は私たちに先行して存在するのであるから、言語の発生以後の存在である私たちはそれ故、すでに常に言語に規定された存在としてある。よって、単に認識したものを言語で表現しているわけではなく、仮に何かを表象（それが言葉であれ図像であれ）しようとするならば、言語によって規定された認識に基づいた上で、それらを表現しようとしているということになる。

よって、私たちは日常的感覚としては自ら主体的にものを考え、それを表現しているように感じられるのだが、実際には言語の枠組みの中でそうしているのであって、自らの認識の枠組みを壊し、新たな認識を獲得しようとするならば、あるいはそれまでの縛られた枠組みから（限定的ながらも）「自由」に思考しようとするならば、自らの言語的枠組みの存在に自覚的になる必要があるだろう。授業ではそうしたことを指摘し、さらにより踏み込んだ形で言語、あるいは言語記号について考えていくことにした。

その際、ソシュールの指摘した（と言っても「講義」自体はソシュールが行ったとされているにせよ『一般言語学講義』という本人以外の人物によって編纂された書物から遡求されたソシュールであるが。あるいは、構造主義がソシュールから受け継いだ部分のソシュールの概念と言ってもいいかもしれないが）、「言語記号が指すのは世界の中に独立して存在する実体ではなく、言語それ自体によって差異化されたものである。」[注5]という命題についての確認から行った。言語記号は記号表現（シニフィアン）と記号内容（シニフィエ）とに分けて考えることができ、また記号表現においても記号内容においても、それぞれが恣意的な差異の体系としてあり、それらが任意に結びついていると指摘することができるが、ここでまず確認したかったのは、そうしたことに加え、記号内容とはどこかにある「世界の中に独立して存在する実体」なのではなく、心象イメージだということである。実際、記号で示されたものの中で、「心象イメージはあるが具体的事物が存在しないもの」は存在するが、「具体的事物は存在するが心象イメージが発生しないもの」は存在しないのであるから、言語記号の第一義的な働きとは心象イメージを発生させることとして捉えられる。例えば「平和」という記号表現には記号内容としての心象イメージを思い浮かべることができるが、指し示すことのできる具体的事物がどこかにあるわけではない。一方、「りんご」という記号表現に対応する具体的事物が（任意にではあるが）どこかに存在すると見なすことはできるが、仮に目の前に具体的事物が無かったとしても心象イメージを思い浮かべることはできる。このように指し示すことができる具体的事物が、世の中に独立して存在するのかしないのかに関係なく、共通しているのは心象イメージが浮かぶという点においてなのであり、その意味で言語記号の第一義的機能はそこにあるといえる。それ故、日常的感覚では言語記号が世界の中に独立して存在する事物を指しているように思えたとしても、それは言語記号の二次的な働きということになる。

また、言語記号は単独で存在するのではなく、言語それ自体によって差異化されたネットワークとしてあることも確認した。伝統的言語観ではある記号の意味はその記号に内在しているものとして捉えられていたと考えられるが、関係論的に捉えるならば、記号の意味はその記号自体によって決定されるのではなく、他の記号との関係性によって規定される。すなわち「あるものはこうだ」と「自立的」に規定されるのではなく、「AはBではない」「AはCでもない」「AはDでもない」といったようにA以外のすべての語の意味を閉め出すことによって規定されるのであり、よって言語記号は単独の実体として存在するのではなく、あるいは存在することはできず、他のものとの差異によって規定され、区別されたものの集合が言語体系としてのネットワークを形成しているということになる。「A」という記号の意味は「A以外」（非「A」）の記号の意味によって形成されている関係なのであるから、それぞれの記号の意味は互いにそれぞれの記号との差異によって支えられているといえ、そのためどの記号の意味が優れていて、どの記号の意味が劣っているといったことは主張できなくなる。例えば、日常的に「真実」といった記号の意味の方に価値が置かれ、「虚偽」といった記号の意味の方に価値がないと感じられたとしても、そうした観念自体が日常的な固定観念に縛られた「幻想」なのであり、関係論的にはどちらの記号の意味も「等価」ということになる。

しかも、そうした言語体系の区分けは、前述した「蝶と蛾」と「パピヨン」との区別の違いからもわかるように恣意的であり、逆に言えばそうした恣意的な区分けを通して私たちは事物や世界を認識しているということになる。

ここまで見てきたことをいま一度立ち止まって考えてみるならば、記号の意味が差異によって生み出されると考えられるようになってきたことから、こうした認識の転換は〈実体論〉から〈関係論〉へのパラダイムチェンジといえるだろう。そしてこうしたことが二〇世紀の人びとの理念及び学問を大きく変えていったことの一つであると考えることができる。現にこれらは言語の問題に限らず、あらゆる分野での（人類学、哲学、文学、法学、心理学等、あるいはこれは推測であるが理系の分野でもこうしたものが行われていたのではないかと考えている。なおこの授業は理系の生徒も文系の生徒も同時に受けている）パラダイムチェンジを齎してきたといえ、また逆にそのことはあらゆる分野の問題が言語の問題と関係しているということをも示していることになると思われる。

四、関係論的世界観における問題

前項で見てきたように「言語記号が指すのは世界の中に独立して存在する実体ではなく、言語それ自体によって差異化されたもの」であり、心象イメージを浮かび上がらせるものであるが、個々人によって浮かび上がらせたその心象イメージはそれぞれみな異なっているといえる。ここでいう異なりとは二つの側面から指摘することができる。一つ目は個々人の間での違いとして、すなわち、一人一人それぞれの言語における歴史や経験は皆すべて違うが、それまでの生きてきた歴史や経験が違えば、それぞれの差異化された言語のネットワークも異なり、そのため個々人の心象イメージは原理的にすべて異なることになる。もう一つは時間的な差異の問題である。たとえ同一人物であっても時間が異なれば同じ記号表現を目にしたとしても、個々人の差異と同様に言語のネットワークに変化が生じるため、瞬間瞬間で現象する心象イメージは変化することになる。よって心象イメージとは各人の間でも異なり、同一人物によってもその時間性（歴史性）によって変化しているということになる。また、先に述べたように私たちの世界に対する認識そのものが言語によって規定されているのであるから、こうした事態は言語の問題のみに留まらず、私たちは「同じ世界に存在しているにもかかわらず、誰一人同じ世界を見ていない」ということをも意味していることになるだろう。

個々人すべてそれぞれ違った見え方をしているのであれば、また同一人物であっても瞬間瞬間で見え方が違ってしまうのであれば、何が正解で何が不正解の見方であるのかを決定することはできない。すべての見え方はいつか、どこかで、誰かが見た主観ないしはイメージであり、そこに絶対的な見え方、純粋に客観的な視点など存在しないからである。例えば「東京」という言葉を誰かが思い浮かべた通りに思い浮かべなかったとしても、それを非難することは誰にもできない。よって、誰かのイメージをそれが研究者であれ教師であれ絶対化（ないしは正解と）することはできないことになる。また、記号表現によって浮かび上がった心象イメージが恣意的なのであるから、正解不正解が決められないだけではなく、心象イメージに対する優劣もつけられないということになる。

すべてが主観であり、また言語記号のイメージされるものが各々すべて異なり、恣意的な約束事でしかないのであれば、言語記号における真理とは存在しないことになる。また、この事実から、私たちは言語によってすでになされた区別を通してすべての事物、ないしは世界を見ているのであるから、言語記号だけではなく、あらゆる物事において真理を主張することはできないことになる[注6]。あるいは、仮にどこかで真理が見つかったとしても、あらゆる真理は広い意味での記号（言葉であれ図像であれ）によって表象されざるを得ないが、その記号自体に真理が存在しない、あるいはその機能を果たすことができないのであれば、私たちは真理を表象することはできないことになる。実際、この「真理（正解）不在」という問題はポストモダンにおけるアポリアであると考えられるが、こうした難問を乗り越えることこそがポストモダンの次の時代を生きる（生きようとしている）私たちに現在求められていることのように思われる。

五、言語の問題から文学の問題へ

こうした言語観（世界観）を言語学だけでなく、言語芸術である文学の分野にも適用すると次のようなことがいえるだろう。すなわち、私たちは同じ文学的文章を読んだとしても同じものが頭の中に現象している訳ではなく、各々すべて違ったものを現象させていることになる。また、他人との間だけでなく、同一人物の読みでもその瞬間瞬間で違ったものが現象していることになる。よって読みとは、人それぞれでばらばらなだけでなく、その瞬間瞬間で現れては消えていく完全に恣意的で自由な現象（ロラン・バルトはこうした概念を「テクスト」

と名づけている）でしかないということになる。そのため、敢えて例えば教員が自由に読みなさいと言うまでもなく、こうした認識に従えば、そもそも読みとは各人自由でばらばらなものでしかあり得ないのであり、逆に言えば、教育論上において、しばしば「教員の読みを押しつける」「一義的な読みに回収する」といった事柄が取り上げられ、批判されることがあるが、たとえ教員がどんなにある読みを押しつけようとしたところで、あるいは教室といった解釈共同体の中で一義的な読みに回収しようとしたところで、原理的に同じものを一人一人の頭の中に現象させることなど不可能だということになる。

また、先に確認したように言語において真理は存在しないのであるから、私たちの文学作品の読みにおいても真理は存在しない、到達できないということになる。もっとも、こうした認識においては真理が存在しないだけでなく、言語記号に優劣が存在しないのと同様、言語記号の連なりである「文学テクスト」においても優劣は存在しないことになる。それどころか極端なことを言えば、トイレの卑猥な落書きも、コンピューターが無作為に単語を抽出して作り上げた文章も（実際にコンピューター俳句というものも存在する）、名作と言われている文学作品も言語記号の連なりであることには変わりなく、みな等価と見なされる事態に陥ることになる。

以上、見てきたように、ポストモダン的世界観への認識の転換は文学あるいは文学教育についての概念をも大きく変革することになり、その非常に大きな功績はまず認めなければならないと考えている。しかし、それと同時にそのことによって大きな昏迷をも齎し、私たちに難問をつきつけることになったとも考えている。このように述べると昏迷や難問を忌避しているように思われるかもしれないが、そうではなく、こうした難問についての確認を行い、それらを突き詰めて考えることにより、逆にポストモダン的世界観の問題が照らし返され、その限界性が浮き彫りになり、新たな展望が見えてくるとも考えている。しかし、その前にどのような昏迷が齎されたのか、まずその確認を行っていきたいと思う。

具体的には、文学に真理がないのであれば、文学教育において正解もないことになるが、文学研究であれ文学教育であれ真偽が問えないとすれば一体何を問い、追究することが文学を研究（教育）することになるのかがわからなくなってしまった、ということがあげられる。

また、言語記号の羅列がすべて等価であるならば、言語芸術としての文学の価値や感動（ポストモダン的な研究の視座においては感動を問題化すると即座に形而上学的、感傷的として退けられることになる）は問えなくなるが、そうであるならばそれ以外の目的、例えば言語技術、あるいは言語活動、文化研究等の「素材」として文学が扱われるようになり、さらに突き詰めると国語教育においては必ずしも文学を教材とする必要はないといった主張が行われるようにもなる。

しかし、このような主張を受け容れ、文学研究や文学教育を放棄してしまう前に考えられなければならない問題が実際にはまだ残っているように思われる。例えば、なぜ一人一人ばらばらな現象が浮かび上がっているにもかかわらず、各人が同じ文章（『羅生門』であれば『羅生門』という文章）を読んでいるかのように議論することができるのか。あるいは瞬間瞬間で浮かび上がる現象が違うにもかかわらず、なぜ前に読んだ文章と同じ文章を読んだというように捉えることができるのか。

また、読みとは完全に恣意的な行為であるにもかかわらず、例えば『三四郎』を読んだ時には、それがそれぞれ違った現象にせよ『三四郎』としての現象が浮かぶように感じられ、『羅生門』を読んだ時には『羅生門』としての現象が浮かぶように感じられるのか。恣意的であるのならば『三四郎』を読んだ際に『羅生門』が現象したとしても一向に構わないはずであるが、そうしたことは起こらないのはなぜなのか（単語のレベルで全く違う意味に取り違えることはあり得るが）。あるいはまた、読書行為において究極的な真理に到達できないとはいえ、なぜ納得できる読みと納得できない読み、優れていると感じられる読みとそうではない読みとの差異ができるのか。そうした違いを生み出している力学とは何なのか。

一見こうした根本的で素朴に思える、しかし重要な疑問はポストモダンの思想を理解していないからだと批判され、一蹴されてしまうこともあるように思うが、また「あらゆる読みに優劣はない」といったある種の平等主義的理念や革新的ともいえる世界観を示したポストモダン的思想の魅力も十分に理解しているつもりだが、ただそうした地点に留まるだけではなく、今一度こうした基本的な問いや心象イメージが現象する力学を突き詰めて検証することが必要であり、そのことがポストモダンの思想を照らし返し、その限界性を、あるいはその不完全性を（もちろん完全なものなどないのだが）浮き彫りにし、それらを越えなければならないという次なるパラダイムチェンジを要請していくことになるのではないかと考えている。

実際多くの研究者、教育者がポストモダン的思想を潜ってはいる、あるいはアポリアに直面してはいるが、突き抜けきれていないという状況が現在において指摘できるように思われる。すなわち、ポストモダン的思想における要点の一つは、読書行為が完全に恣意的で一回性の現象であると捉えることができるが、それをそのままの形で受け取るとするならば、研究も教育も成立が不可能であることは多くの人が意識的にせよ無意識的にせよ気がついていることのように思われる。なぜなら、真に恣意的で一回性でばらばらなものを、検証したり、議論したり、分析したりすることはできないからであり、そのため、このアポリアを突き抜けずに研究や教育を行おうとする場合、何らかの形で、多なかれ少なかれ実体論的な方法を残したものに戻り、ポストモダン的な方法論と実体的な方法論を残したものとがない交ぜになった形で分析の行為が行われることになるからである。しかし、こうした事態は原理的に自らの分析行為の中で自らの方法論的な「矛盾」を示すことになる。すなわち、ポストモダン的世界観（例えば「テクスト」分析的手法で研究を行うといった提言）を示しながら、実体論的なものを含むということになり、自らの論の中で自らのそうした世界観の「否定」や「限界」を示すという自家撞着に陥ってしまうことになる。

よって問題は、ポストモダン的世界観では研究や教育をもはや行うことはできないが、だからといってもうすでに乗り越えられたはずの実体論に戻るということもできず、そうした問題に誠実に向き合えば向き合うほど身動きがとれなくなるといった状況が現れている。あるいは曖昧なままそうした問題が多くの場合放置されている状況や、文学研究から文化研究やフェミニズム、精神分析批評やマルクス主義批評等といった文学を追究することを中心とした研究ではない、分析対象として、あるいは「政治」運動の一環として文学を用いる研究や批評へとシフトしていっている状況が指摘できるように思われる。よって繰り返しになるが、世界観の大きな転換を生み出したのはポストモダンの功績だが、そうした問題を突き詰めなかったところに問題があり、それらを考えていくことがこれからの私たちに求められていることだと考えている。

六、関係論的世界観からその先の世界観へ

ではこのアポリアをどのように考えたらよいのだろうか。

人によってはごく当たり前の確認になるかもしれないが、私たちが対象の事物（言語記号や音声も含め）を認識し、何らかの視覚イメージ、心象イメージ、聴覚イメージが私たちに現象される際、現象させる「もの」があるから（瞬間瞬間で違うにせよ）、現在そうあるように現象しているのであって、何もないところから認識が発生しているのではない、ということが指摘できる[注7]。

問題は対象の事物（客体の文章）があり、それによって認識行為（読書行為）がなされているにもかかわらず、ポストモダン的な認識の転換で確認したように、私たちは自己の認識のフィルターを通してでしか事物を認識

することができないのであるから、それゆえ原理的、原則的に《事物そのもの》を認識することができないということである。しかし、裏返せば、そうした事態は認識できないという留保つきであれ、あるいは留保をつけるがゆえに《事物そのもの》の存在を認めていることにもなる。すなわち、それはカントの《物自体》概念のように、《事物そのもの》＝《物自体》は私たちにとって認識はできないが、現象が発生しているからには「現象させるもの自体」がなければこれまで私たちの認識は「認識する主体」と「主体の認識のフィルターを通して知覚された客体（事物）」との関係で論じてきたが、これからはそれらに加え「認識できない《客体そのもの》」の存在を考慮に入れ、「主体」と「客体」と「《客体そのもの》」との三者関係の力学で捉えられなければならないということになる。すなわち、《客体そのもの》は私たちの認識によっては捉えられないのだから、私たちにとってそれらは《超越》の領域に他ならないが、そうしたことを踏まえると、認識の問題、あるいは読みの問題を考えるためには必然的に認識できる領域の〈向こう側〉という意味での《超越》の問題をも考えていかなければならないということになる。

《超越》の領域にある《事物そのもの》とは、その実在する性質から考えて直接的に現前するわけではないし、そう考えるわけにもいかないものであるが、それにもかかわらず、事物を認識する際、私たちに何らかのイメージ（像）が現象するのであれば、私たちを規定する《事物そのもの》による「見えない力」、「見えないがしかし確実に私たちに作用する力」が働いていると想定しなければ、この問題を扱うことはできないと考えられる。もっとも、こうした作用を「見えない力」であるがゆえに神秘主義的、あるいは形而上学的だと斥けられてしまうこともあるかもしれない。しかし、そのような理由のみによる否定は妥当性を欠いているように思われる。実際、私たちの周りには数多くの「見えない力」、例えば「心」や「いのち」や「時間」や「空間」や「万有引力」や「虚数」等々に満ちているのであり（だからといって目に見えるものを蔑ろにしていいと考えているわけではないが）、そうしたものの存在、あるいは概念を認めるのであれば、認識上における見えないものの力を措定することも即座に否定されるべきことではないだろう。そして、付け加えるならば、このような見えない力の領域をも含めて考察しなければ、文学研究上、あるいは文学教育上において、私たちが本来的に直面せざるを得ないであろう問題としての「ことば」の謎、ひいてはあらゆる学問が究極的な領域において直面しているであろう「世界」の謎[注8]に近づいていくことはできないのではないかと考えている。よって、先に見てきたようなポストモダン的世界観を越えていくためには、こうした《超越》を抱えた世界観へと転換しなければならないと思われる。

ポストモダンに見られる思想の典型的な特徴は、基本的にモダン的なヒエラルキーを否定しようとする志向性（例えば、現状としてある上下関係を水平関係へと組み換える試み）から端を発している（ないしは保持している）ように思われる。そうしたヒエラルキーの形成はその頂点に付置されるような「《超越》的な何か」を置くことに由来すると想定され、そうであるが故に、そもそも《超越》を否定する思想としてあるように思われる。そのため、ポストモダン的思想を支持する人びとは《超越》について扱うこと自体に強い抵抗や疑問を感じるであろうし、それを認めてしまうことは自らの思想の拠って立つ存在理由が消失するため、どうあっても《超越》は認められないという姿勢を示すことに（ある意味論理的必然性として）なる。実際、そうした場面をシンポジウム等で何度も目にしてきたことも事実である。

よって、ポストモダンの思想を支持する人びとにおける問題は《超越》的領域の存在を否定し、捨象したところで考えようとし、そうであるが故にアポリアを内包したままになっていることだと思われる。例えばモダン的な「実体論」と構造主義に見られるような「実体的なものを残した関係論」とロラン・バルトが「作品か

らテクスト へ」で述べたテクスト概念において代表的に見られるような「実体的なものを完全に否定したところで成り立つ関係論」(究極的な相対論)といったものの間をぐるぐると循環し、場合や都合に合わせてそれらを使い分け、論じられるといった状況が指摘できる。また、そうした矛盾を指摘した場合、そのような辻褄の合わなさこそがポストモダン的であると主張されたり、それを理解できないのはこの難解な思想を理解できていないからだといった主張がなされてきたようにも思う。実際、ポストモダンの思想は難解な部分も多いのだが、重要なことはその理解度や詳細さを競うのではなく、原理的にポストモダンでは扱うことを忌避してきた領域を扱っていくことにあるのではないかと考えている。

七、新たな世界観における「読み方」の改変

では具体的に《超越》を踏まえた上で文学の読みについて考えた場合、どのようなことが問題とされなければならないのだろうか。まず、認識において《事物そのもの》を措定したように《客体の文章そのもの》、文学作品であれば《作品そのもの》を措定して考える必要があるように思われる。もちろん、「事物」と同様に《作品そのもの》には到達もできず、了解もできないものとして考えられなければならないが、私たちの認識の〈向こう側〉の領域にそうしたものがあるとするならば、それは一回性を持った恣意的な現象であるにもかかわらず、『羅生門』を読んだ時には『羅生門』としての心象イメージが、『それから』を読んだ時には『それから』としての心象イメージが浮かぶといったある拘束力が働いており、完全に恣意的な現象ではないことが了解される。

加えて、例えば通常私たちが「他人」を理解する際、できるだけ《その人そのもの》を理解しようとする時のように、「気ままな読書」は別として、研究や教育の場においてはできるだけ《作品そのもの》に向かって理解しようと努めることが必要であると考えるが、そうした読みの方向性(ベクトル)を決定づけるものとし

ても機能し得ると思われる。また、《作品そのもの》に出会えない私たちにおいて、すべての読みは「虚偽」であるといえるが、にもかかわらず解釈においてより妥当性のある読みとない読みとの存在を感じるのは、こうした《作品そのもの》にどれだけ近づくことができたかといった作用によるものであり、そこで読みの価値も（もちろんそれらはその価値判断を行う解釈共同体によって左右されるだろうが）問われなければならないことになる。先のポストモダン的なあらゆる読みは「等価」であるという理念は一見美しく自由で平等であるように思えるが、アカデミズムにおける「研究制度」においては「テクスト」を唱える人びとが論文の査読をし、優劣を判断していることからもわかるように、実際にはそれらは実現されることなく当初から破綻している。また、教室における読みでは児童・生徒・学生一人一人の読みを大切にしているように思えるが、テストや成績をつけなければならないという便宜上の理由だけでなく、それを文字通り実践するならば、それはただ現状を肯定し、読まれたものを放置しているだけの状態となり、児童・生徒・学生の成長を促すことには繋がっていかないことになる。問題は、どんなに優秀な学生の読みでも原理的には先に述べたように「虚偽」なのであるから、その学生の読みをいったんはきちんと受け止めつつも、どのようにすればより《作品そのもの》に近づいていけるよう促がしていくことができるのか、といったことになるであろう。

そのためには既存の自己の作品理解の認識の枠組みをいったん瓦解し、新たな認識を手に入れなければならないと考えられるが、自己認識を自己認識によって瓦解し、更新しようとしたところで、それは血で血を洗うように、どこまでも自己の認識の枠組みから抜け出すことはできず、無限後退を繰り返すだけになってしまう。そのため、それらを行うには自己以外のもの、すなわち《他者》に真の意味で出会う必要があると思われる。しかし、それはどのようにしたら可能であろうか。というのも、私たちは《他者》を認識しようとする際にも、ここでもまた自己の認識のフィルターを通さずには認識することはできず、《他者そのもの》には出会えないという問題に陥ることになるからである。しかし、重要なことは、そこで所詮認識されたものは〈自己化された他者〉でしかないと諦めるのではなく、逆に《他者そのもの》、作品の読みであれば《作品そのもの》＝《超越》に向かって読みを進めていくことが必要であり、そのことによって《作品そのもの》には出会えないとしても、そこに含まれる他者性（《他者そのもの》の影）が、自らの読みの虚偽性を顕在化し、それまで何が虚偽だったかが明らかになることによって、翻って対象の発見を促がすことに繋がっていくと考えるからである。

すなわち、自らの虚偽性が暴かれることによって自らが現象させた読みの改変を迫られ、瓦解され、自らの読みを更新していく、といった一連の〈読みの動的過程〉へとも繋がっていくと思われる。もっともこのように表現してしまうと、緩やかでなだらかな更新のように思われてしまうかもしれないが、他者性に出会うとは改変を迫られるから行うというよりも、自己ではないものが自らの認識に作用するのであるから、実際には改変せざるを得ないといった強制力を持ったもの、あるいは文字通り優れた芸術作品に出会った時のような衝撃を伴ったものであろう。そのため、その否応なしに瓦解され、再構築させられる自らの認識の変容が大きければ大きいほど苦痛も増すと思われるが、しかし、それと同時にそこから得られる感動も大きいのではないかと考えている。もちろん、たとえ更新されたところでその認識もまた新たな「虚偽」だといえるのだが、少なくともそれにより、それが僅かだったとしても《作品そのもの》へと近づけたといえるのではないだろうか。また反転して、「そのようなものを現象させる自己とはどのようなものなのか」といった「自己発見」にも繋がっているといえるのであり、そのようなところに読むことの感動や醍醐味や意義があるのではないかと考えている。

ここまでは《超越》の問題を含めた新たな世界観における概括的な事柄について述べてきたが、ここからはそのような世界観の転換を行うことによって、具体的に読みの方法も転換されなければならない必然性について見ていくことにしたい。

まず確認しておきたいことは、ここでは主に物語や小説を念頭においているが、そうしたものはすべて「語り」「語られた」ものであるというごく基本的なことである。そうであるならば、語られた出来事すべては「「語り手」の認識によって捉えられた世界」ということになる。よって、それら「語られたもの」も「語り手」もその意味でさまざまな限界性を持っていることになる。例えば「語り手」は「語り手」が認識した世界しか意識的に語ることができないのであり、自己が語ろうとしている《出来事そのもの》を語ろうと思ったとしても、先に見たように、それは原理的に現前させることはできないものである。よって、「語り」とは《出来事そのもの》を語ることはできないという意味で必然的に「虚偽」を犯すことになるのであり、そのため「語り」を読む際には「語り手」の「語ったこと」や語り方だけではなく、そのメタレベルに立ち、「語り手」の知り得なかったことや語り得なかったことといった「限界性」をも含み込んだ領域をさらにその外側から読んでいく必要があるということになるだろう。

また、出来事を捉えることだけでなく、そもそも人は他人の心の内を覗き見ることができないのであるから、当然「語り手」もまた本来それはできないはずのものである。物語や小説ではしばしば「語り手」から視点人物を通して出来事が描かれるが、実際にはそれは不可能なことであり、あるいは「虚偽」を犯しているということになる。

では自己の視点から捉える一人称の「語り手」の場合はどうであろうか。しかし、「私」や「僕」といった一人称の場合であっても同様の問題を抱えることになる。例えば「語りの現在」から「過去の時点における自己」を語ろうと思ったとしても、飽くまでも「現在」の自己から回想された自己であって、過去の時点における《自己そのもの》を語ることはできない。また、「現在」における自己を語ろうとしても、その際「自己を対象化する自己」と「自己によって対象化された自己」とに分裂してしまい《自己そのもの》を語ることはできないという問題を孕むことになる。語られた自己とは語る自己によって対象化された自己であって《自己そのもの》ではないからである。

そうした「語り手」についての認識の限界性の問題は各登場人物においても適用されなければならないだろう。例えば登場人物「A」は「A」の認識からしか世界を把握できないのであるから、登場人物「B」から見た世界を語ることはできない。あたかも「B」から見えた出来事を語っているかに見えたとしてもそれは飽くまでも「A」によって認識された「B」の姿であって「B」そのものの姿ではない。さらに「A」について「語り手」が語っているのであれば原則的に「語り手」の認識を通して語られた「A」の認識によって語られた「B」ということになる。登場人物が「C」「D」「E」と増え、さらに複雑な「語り」「語られる」関係となったとしても同様の問題を抱えることとなる。

このように「語り手」によって「語られていること」は《出来事そのもの》や《他者そのもの》ではなく、「語り手」の認識を通した〈出来事〉であるから、「語り手」と「語られている出来事」との相関関係を考えていかなければならないということにもなる。すなわち、「語られている内容」が例えば「語り手」によるどのような意識や記憶や視座（パースペクティブ）によって語られているのか、あるいは「語り手」と「語られている内容」との「距離」や「どのように対象化されて語られているのか」といったことも問題化されて読まれる必要があるということである。

もちろんこうした問題はその語られた形式や具体的な語られ方によってそれぞれ違った関係性として捉えられなければならない。例えば、語る自己と語られる自己との時間的距離がゼロである心境小説、過去を回想する形式の一人称小説、具体的に誰が語っているのか明示されている三人称小説、透明な「語り手」として語られる三人称客観小説等によって、「語り」「語られるもの」との相関関係が大きく変わってくるのであって、そうしたものを読み解いていく必要がある。

もっとも、こうした関係性や「語り」「語られるもの」との距離や構造は、形式的にのみ考えられるべきことではなく、その作品の個別性によっても異なってくる。例えば、形式としては三人称客観小説で書かれているように見えながら、実際には語られている途中で登場人物「A」の語りと重なり合ってしまう『山月記』のようなもの[注9]もあり、形式上そのように見えたとしても、実際にはそうなり得ていないものも存在し、見かけ上の形式では判断することのできない問題も孕んでいることを考慮に入れる必要があることも指摘しておきたい。

八、小説と物語の違い

そして、こうした「語り」についてのアポリアは「小説」というものの表現形式の問題とも深く繋がっていると考えられる。すなわち、西洋近代から移入された小説の理念としての究極的な形式は透明な「語り手」における三人称客観小説であるが、このように「語り手」がすべての登場人物ないしは事柄を俯瞰するような形で語ろうとする語りは、これまで見てきたようにまず原理上不可能なものとしてある。そうした形式を可能にするためには「語り手」自身が《超越》的な存在＝「ユダヤ＝キリスト教的な神（少なくともそう考えられてきた視点）」[注10]のような位置に立たなければならないが、それは書き手や語り手が人間である以上、不可能である。しかし、それにもかかわらずそうしたものが近代以後、理念として求められなければならなかったところに小説という存在自体の意義や可能性、あるいは矛盾と葛藤が含まれていたと考えられるのであり、こうしたアポリアをどう乗り越えていくのかといったことが近代以後現代にまで及ぶ日本の小説家の問題として存在しているといえる。

もっとも、「語り手」が《他者》を語ることのアポリアを問題にせず、例えば登場人物「A」の内面も「B」の内面も「C」の内面も描けると考え、そうした問題に直面せずに語られた優れた作品も数多く存在することも確かである。すなわち、それらは「物語」として位置づけられるべきものと考えるが、しかし、これまで見てきたように、それらとは「語ること」についての理念が大きく異なるのであり、そうした意味で（どちらに優劣があるかといった問題ではなく）小説と物語とが峻別される必要がある、あるいはそうした問題に自覚的になる必要があるということである。ただ、小説もまた語られたものであることには違いなく、その意味で「物語」を内包してもいる。よって両者の大きな違いは、これまで述べてきたような諸々の《超越》の問題に対峙し、「物語」を物語るということの虚偽や不可能性や矛盾との葛藤といった危うい問題を抱え込みながら、そうした虚偽から身を引き剥がそうとする原理上不可能なことを可能にしようとする「語り」が表出されているかどうか、といった点にあると思われる。《超越》の問題を含みこんで語られるかどうかといった問題は、そこに表出されている世界観が全く異なっているといえ、ゆえにそうした問題を問題化することこそが小説の特色や固有性を浮かび上がらせることになるといえる。そのため《超越》の問題が「語り」として表出している小説の方がそれらの問題を扱う際、問題化しやすいとも考えられる。だが、もう一方で村上春樹や宮沢賢治の作品のように物語の中に《超越》の問題を扱っているものもあり、こうした問題は形式化や単純化ができず（むしろそのように形式化ができないところに、「語り」を問題化することの柔軟性や価値があると思われる）、それぞれの作品を個別に見ていかなければならないということも指摘しておきたい。

ともあれ、ここで述べたいのはそうした《超越》を含み込んだ世界観に転換することによって小説と物語の峻別といった問題が研究や教育において扱われなければならないことであり、あるいは小説であれ物語であれ、

「語り手」と「語られたもの」との相関関係が考慮されなければならないということである。

もちろんその際、作品に明示されている「語り手」だけではなく、「「語り手」を越えたもの」が想定されなければならない時は、その作品が「「語り手を越えたもの」の認識によって語られたもの」として分析されなければならないだろう。例えば、夏目漱石の『吾輩は猫である』において作品中明示されている生身の「語り手」である「吾輩」が「そもそも「猫」であるにもかかわらず名文を綴れるのは何故なのか」といった問題は設定として許容できるとしても、最後の場面で自らが甕に落ちて死んでいく様子を「吾輩」が実況中継的に物語っているが、そうしたことが可能なのは何故なのか、あるいはその後『吾輩は猫である』という作品として世に出され得るのは何故なのかという問題を考えていった場合、それらが行われるためには「語り手」である「吾輩」を越えた「「語り手」を越えたもの」の存在を想定して考えなければならないことになる。それをロラン・バルトの「作者の死」が発表された以後である現在、単に実体的な「作者」（ないしは「作家」）とすることができないのはもちろん、それが私たちの読みの行為から導き出された作者（ここではそれを田中実はそれを〈機能としての作者〉と呼んでいる）かどうかといったことから、その作品ごとに検討されなければならないものとしてである。

すなわち、ここで問題にされなければならないのは、根源的に語っているのは誰なのかということである。なぜなら、以上見てきたように物語が物語である以上、すべては誰かが語り、誰かによって語られたものであるが、その際誰の認識において語られたものかが問われなければならず、その語りはその根源的な認識者を通して語られた世界として把握されなければならないからである。もっとも、根源的な語り手を突き止めることができたとしても、先のアポリアで示したように私たちは直接その認識者の認識によって《語られたものそのもの》を覗くことはできない。私たちが把握したものとは、ある出来事を認識した認識者がその認識に基づいが作品理解を深めることへと繋がり、そのことによる感動へとも繋がっていくように思われる。

れにもかかわらず認識者によって《語られたものそのもの》へと向かっていくことが必要であるし、そのこと

て語ったものを、私たちが自らの認識を通して受け取り、現象させたものに過ぎないからである。しかし、そ

「語り」の問題については本来であれば、もっと詳細かつ繊細に具体例を用いて述べなければならないと考えているが、それは別稿で論じることにしたい。また、ここでは「大陸哲学（コンチネンタルフィロソフィー）」における構造主義、ポスト構造主義的な問題を取り上げたが、主に英米圏における「分析哲学」の問題とも根底では繋がっていると考えている。あるいはこれは可能性としてしか提示できないが、物理学の分野において二〇世紀初めに現れた「観察者」（認識者）の「知覚」や「解釈」が問題とされるようになった量子力学の問題ともどこかで関連しているのではないかとも推測している。

これまで述べてきたことからもわかるように、私にとっての文学研究や文学教育における主要な問題は世界観認識の問題としてある。すなわち世界はどのようなものとしてあり、それはどのようにして把握され、あるいは把握され得るのか。私の意志とは関係なく、気づいたら放り込まれていたこの世界とは一体何なのか。これからあと何年この世界にいるのかわからないが、そのことについての認識を自分なりに深め、それを他の人たちと一緒に考え、伝えていくことが一つ大きなテーマであると考えている。

ここのところ、コミュニケーション能力やリテラシー教育の必要性が説かれているのを多く目にするが（本論所収の書籍のタイトルもまさに『リテラシー教育』とされている）、確かにそれらも非常に大切なことであるが、それは私にとっては、この世界が何かという問いを追究していく上での過程における問題でしかないように思われる。また、言語技術や活動主義が行おうとしていることも一方でもちろん重要であるが（その全てがそうなのか

は検証が必要だが）、それらの多くは「生きるための手段」や「社会に出てから役に立つこと」に重きが置かれ、このわけのわからない（と私には思われる）世界で「生きることとの意味そのもの」を問う、あるいはそう問う「自分とは何か」を問う、といった姿勢が相対的に希薄であるように思える。私にとっては後者にあげた世界を問い、自己を問うといった問題の方がより切実であり、またより学問や研究の根幹にある問題であるように思われる。そして、おそらくこれらの問いは文学研究や文学教育だけにとどまる問題ではなく、数学であれば数学のやり方で世界は何かと問うているのだろうし、物理では物理のやり方で世界とは何かを問うているように思われる。すなわち、各分野は各分野においてその世界（観）を問うているように思われ、むしろ、私には世界とは何かという共通の問いを違う角度から追究しているように見える。そして、そこにこそ他分野との大きな繋がりも見出せると考えるのであり、よってここでは文学のみがその行為において優れていると主張したいわけではなく、文学は文学における固有の特性や価値があるのであり、それを活かした形での世界や自己に対する問いを行うべきなのではないかということである。

九、最後に

ここまで実体論的世界観から関係論的世界観、そして関係論的世界観からその先の世界観への流れ及びそれらと文学の読みとの関係について、個別に明示はしなかったが、全体に及ぶ形で「はじめに」で述べたように田中実の論に依拠して語ってきた。このような作業を通してまず思うのは、「語り」の問題について自らの認識をもっと深めていく必要があるということであり、また、現在もなお先を進み続けている田中の理論をより一層理解するよう努めていかなければならないということであった。ただ、そうした課題を抱えつつも、実体論から関係論への移行の過程と関係論の限界性の提示、及びそうした状況から脱却する必要性をまかりなりにも示すことができたのではないかとも思っている。もっとも関係論を乗り越えるために用いた《超越》的な概念はどのように理論的に述べたとしてもなかなか受け入れ難いものではないかとも思われる。なぜなら、その受け入れ難さは理論や理屈を超えた領域としての《超越》を忌避しようとする日本の風土がその背後に根強く存在すると思われるからである。思えば、ポストモダン的思想が一九八〇年代以降において長い間席巻した状況がまずあげられ、そしてそれらを乗り越えようとする理論ないしは方法論が現れた際にも、そうしたものは田中のものを除き、みな絶対論的なものを回避した手段で乗り越えようとしているものであったように思われる。しかし、ポストモダンという相対論的なものを新たな相対論的なもので乗り越えようとしたところで、それはもともとの相対論的なものにのみ込まれてしまわざるを得ない。あるいはそうした状況を避けるために旧来の実体論的なものに戻るということも、より状況を混迷したものにすることはあっても本質的な解決には繋がってはいかないだろう。

ポストモダンという相対論的なものを真に乗り越えるためには、絶対論的に思考する必要があるのであり、それを避けたところでの解決はないのではないかと考えている。そうした考え方を可能にするためには自らの思考を根底で規定しているものとの闘いが要請されているように思われる。

[注1] もっとも、私はカルチュラルスタディーズやポストコロニアル批評等自体の魅力や重要性を否定する立場ではない。問題はそれらが文学研究の分野において今のところあたかもそれが「文学の研究」の「主流」であるかのように行われていることである。それらの研究は文学を分析の材料や道具として使用し、政治的な問題やイデオロギー的な問題を論じようとするものであるか、あるいは同時代的な文化的事項についての調べ学習的なものが殆どであるが、文学研究においては文学を単に研究材料として扱うのではなく、文学そのものの意味や価値や重要性等が問われなければならないと考えている。

【注2】 例えば千田洋幸は『テクストと教育』（二〇〇九年六月 渓水社）で「現状のような形で行われている文学教育は、もはや不要のものと化しているといわざるをえない」と指摘している。

【注3】 ここで扱おうとしている「転回」は分析哲学における「言語論的転回」ではないことを断わっておく。ただ、これらの問題は分析哲学上の問題とも関係がないわけではないと思われる。もっとも本論ではそのことについて詳細な言及は行わない。

【注4】『新編国語総合』（二〇〇七年二月 東京書籍）所収。

【注5】『岩波哲学思想事典』（一九九八年三月 廣松渉他編 岩波書店）の「構造主義」（小田亮）の項参照。

【注6】 渡部直己は『私学的、あまりに私学的な』（二〇一〇年七月 ひつじ書房）でニーチェの「命題」を借りて「彼ら（歴代の哲学者――引用者注）はしかし、この世には何らかの「真理」があるとまず考えてしまった点において、等しくいわば絶対的に見当違いだったのではないか」（傍点原文）と述べている。こうした主張はポストモダン的なパラダイムと重なっている。

【注7】 確かに夢や空想など具体的な対象の事物が無いところでも心象イメージを浮かび上がらせることはできるが、ここで考えたいのは読書行為や認識行為についてであり、その問題とは分けて扱いたい。

【注8】 これは大袈裟な表現ではなく、すべての学問、ないし教育はこの「世界」の謎を解こうとすることと繋がっていると考えている。

【注9】 田中実は『山月記』について「〈自閉〉の咆哮――中島敦『山月記』」（『小説の力――新しい作品論のために』、一九九六年二月、大修館書店、所収）で「この小説の〈語り手〉とは作中人物（主人公）に同化される〈語り手〉であると言えよう。李徴の告白の強さは〈語り手〉を吸収し、告白の文が〈語り手〉の文から相対化されることを弱め、この小説の内実を情感の高まりのなかで歌いあげる格調高い一人称の〈語り手〉の物語に化してしまったのである。」と指摘している。

【注10】 実際には全知全能の神は物語ることも、読むこともできないと考える。先に見てきたように「語ること」や「読むこと」はそのまま「虚偽」の行為となるのであり、神はそれらを行わないと考えるからである。ただ、デカルト風に「神が全知全能であるからには「虚偽」を行うことも可能である」と考えることもできなくはないが、そうした場合どのようなものとして語り、読みが現象するのか私には想像することができない。ここで指摘しておきたいのは「神の視点」とはそもそも《神の視点そのもの》ではなく、人間がイメージし、創出した「神の視点」でしかないのではないかということである。

サバイバルのための文学教育
——情報リテラシーの養成と文学教育——

助川幸逸郎

一、震災の教訓

東日本大震災がおこった翌々週、二〇一一年の三月末に、これを書いている。現時点で、福島の原子力発電所の事故は、収束していない。

数週間前、ツイッターで、

「現代文の授業って、ぶっちゃけ、教師の自己満足の時間だろう?!」

という「つぶやき」を見つけた。こういう意見をもつ人に、いかに文学教育の意義をなっとくしてもらうか——それがこの論文の課題になると、震災がおこるまではかんがえていた。

しかし、震災後におこった情報の混乱は、文学教育の有効性について、私じしん、じゅうぶん理解していなかったことをおしえてくれた。

震災の翌日、

「友達のお父さんがコスモ石油に勤めていて教えてもらったのでみんなにも伝えるね。∨気をつけてください／千葉、首都圏の方へ。千葉の製油所、製鉄所の火災の影響で千葉、首都圏では、科学薬品の含まれた雨が降ることが予想されます。傘やレインコートの使用をお願いします！広めて！／とりあえず広めて！／雨にあたらないようにしてね！／ほんとに危ないみたいです。」

というメイルを、複数の友人から受信した。私は、このメイルの内容をたしかだとおもい、一斉送信で、メアドがわかっているすべての知人にひろめなければ、と判断した。ただ、出先で、携帯電話にメイルを受信したので、目先の用件にとりまぎれ、すぐにはこのメイルをひろげずにいた。

数十分後に、ふとおもいついてミクシィをみたら、このメイルが悪質なチェーンメイルであるというニュースがでていた。

すんでのところで、私はデマ拡散の片棒をかつぐところであった。冷静にかんがえれば、「出どころが特定できないインサイダー情報」があてにならないことは、常識である。だが、震災という事態に動転して、その常識を私はわすれていた。

「文学教材の読解には、明快なこたえがない。そのようなものの読解方法をおしえたところで、意味はない。現代文の授業は、誰もが合意する《正解》の存在する、評論文だけおこなうほうがいい。」

――そういう意見を、国語教育の関係者の口からも何度かきいた。しかし、真偽がさだかでない情報を、どこまで信用すべきか、みきわめる訓練は、評論文の読解だけではできない。

あやまった情報に振りまわされず、事態を正確につかむには、

「特定の情報にのみ依存せず、複数の情報をつきあわせて、ひとつの全体像をおもいえがく力」

「情報のどこはあいまいにできて、どこはあいまいにできないかをみぬく力」
「情報の言外の意味を想定する力」

などが必要になってくる。

そういう力をつけるのに、文学教育にできることはすくなくない。そして、今回の震災のような非常事態において、情報の真偽をみわける力の有無は、ときとして、生死をわける。

本稿では、いくつかの観点から、情報リテラシーの向上のために、文学教育が何ができるのかを検討してみたい。その作業はおのずから、文学教育がいかに切実に必要であるかを、証明することにもなるだろう。

二、語り手も時には嘘をつく

ほかのニュースソースによって裏づけられない情報に、信憑性が乏しいことは、あらためて指摘するまでもない。

それでも、多くの人が——私のように——、「コスモ石油に勤めている友だちのお父さんからの情報」のようなものを信じてしまう。この類いの情報は、裏をとれないことがほとんどである。にもかかわらず、どうしてこのようなことがおきるのか。

人間は、「状況に対してなすすべがない」・「真相はだれにもわからない」という「空無」に、たえられない。そこで、この「空無」に対する「防衛」として、「状況を裏からあやつる陰謀の主体」・「すべてを知っているのにだまっているインサイダー」をでっちあげる。

ナチス時代のドイツにおける反ユダヤ主義は、こうした「防衛」の典型である。経済不振に対する「打つ手のなさ」から、目をそむけるため、ドイツ大衆は「ユダヤ人」という「原因」をつくりあげた[注1]。

逆にいえば、安易に「原因」をもとめないことが、情報と賢明につきあううえでの鍵となる。小説や映画では、「情報のプロ＝スパイ」が、「陰謀の主体」や「特権的インサイダー」をさぐりあて、事件をいっきょに解決する。けれども、じっさいのその種の「プロ」は、新聞やラジオの報道のような、だれもがアクセスできる情報をつかいこなす。

太平洋戦争中の日本軍に、堀栄三という情報参謀がいた。アメリカ軍の作戦行動をことごとく予測して、「マッカーサー参謀」の異名をとった人物である。

堀はもちろん、無線傍受や暗号解読といった、諜報将校ならではの方法でも情報をとった。しかし、堀のしごとの根幹は、米軍の戦いかたのパターンの抽出や、戦闘が予測される地域の地形の考察などにあった。マラリアの予防薬をつくるアメリカの会社の株が、値あがりしたというニュースをいとぐちに、米軍が太平洋で、大がかりな作戦をもくろんでいることをつきとめたりもした[注2]。

決定的な「原因」をもとめるのではなく、ありふれた情報のくみあわせのなかから真相をうかびあがらせる――堀はそのような「情報賢者」の典型であった。

それでは、堀のような人間をそだてるために、文学教育に何ができるのか？

まずは、授業のなかで、Textual Analysis（テクスト分析）を、くりかえし、徹底して実践することだろう[注3]。

「語り手と作者はちがうこと」

「語り手の発話が、つねに作中世界における真実をのべているとはかぎらないこと（語り手も、場合によってはまちがえたり、うそをついたりすること）」

「ある作中人物に同化した視点からの発話も、時として作中世界の真実にそむくこと」

「作者の証言が、作品解釈の絶対的なきめ手にはなりえないこと」[注4]

——これらの事実を、生徒の心に刻みつけることで、

「べつの情報で裏づけられない情報は、鵜呑みにしない」

「特権的な情報に、じぶんだけアクセスして優位にたつことをめざさない」

という「心がまえ」が、生まれるようにつとめるのである。


芥川龍之介の『羅生門』を例にとろう。このテクストの語り手は、開巻した段階では、作中世界とおおきく距離をとっている。

> 作者はさっき、「下人が雨やみを待っていた」と書いた。しかし、下人は雨がやんでも、格別どうしようと云う当てはない。ふだんなら、勿論、主人の家へ帰る可き筈である。所がその主人からは、四五日前に暇を出された。前にも書いたように、当時京都の町は一通りならず衰微していた。今この下人が、永年、使われていた主人から、暇を出されたのも、実はこの衰微の小さな余波にほかならない。だから「下人が雨やみを待っていた」と云うよりも「雨にふりこめられた下人が、行き所がなくて、途方にくれていた」と云う方が、適当である。その上、今日の空模様も少からず、この平安朝の下人の Sentimentalisme に影響した[注5]

すでに指摘されているとおり[注6]、「作者」を称するこの語り手は、「Sentimentalisme」というフランス語をつかっている。これは、語り手が身をおいているのが、テクスト内でできごとがおこる「平安時代の京都」ではなく、テクストが書かれたその時点であることの宣言である。

「だから『下人が雨やみを待っていた』と云うよりも『雨にふりこめられた下人が、行き所がなくて、途方

にくれていた』と云う方が、適当である」という「解説口調」も、語り手の位置が、下人から遠いことを感じさせる。これよりのちに、「何分か後である」という表現もあらわれるが、平安時代の人間が、時間を「分」ではかっていたはずはない。『羅生門』の語り手はことあるごとに、じぶんが作中世界のそとにいることをいいたてる。

しかし、この語り手は、テクストの最後には、作中世界にのみこまれてしまう。

しばらく、死んだように倒れていた老婆が、死骸の中から、その裸の体を起したのは、それから間もなくの事である。老婆はつぶやくような、うめくような声を立てながら、まだ燃えている火の光をたよりに、梯子の口まで、這って行った。そうして、そこから、短い白髪を倒にして、門の下を覗きこんだ。外には、ただ、黒洞々たる夜があるばかりである。

下人の行方は、誰も知らない。

語り手は、「外には、ただ、黒洞々たる夜があるばかりである」という部分で、老婆の視線に完全に同化している。しかも、このときの「老婆＝語り手」の目には、黒い闇のほか何もうつっていない。

語り手は、当初、作品世界をとおくからながめわたし、解説者然とふるまっていた。いわば、「特権的にすべてをわかっている人間」のような顔をしていたわけだ。テクスト末尾で、語り手のそうした「万能のよそおい」が、いつわりであったことがあきらかになる。下人がどうなったのかは、だれにも——語り手じしんにも——わからないのである[注7]。

ということは、それ以前に語り手がのべていた、下人の心理にかんするしたり顔の解説も、うたがわしいものになってくる。Sentimentalismeなどという、フランス語を書きつける衒学ぶりも、作品世界を掌握しきれない不安の、裏がえしだったかもしれないのだ[注8]。

このように、語り手に着目して『羅生門』を読むことで、「特権的にすべてをわかっている人間」をよそおうものを、ナイーヴに信じる危険をしめすことができる。そのことは、「それさえわかっていれば万事が解決するとくべつな情報」を安易にもとめる弊から、生徒を救うだろう。

なお、本書のもととなったシンポジウムで私は、

「文学教育の中心が小説であることは、今となっては正当とはいえない。近代的主体のサンプルを提示するという役割が、小説にはあった。そうした役割は、国民国家の時代がおわりつつある現在、もはや必要とされなくなっている。詩歌やノンフィクションを、もっと文学教材のなかにとりいれていくべきだ。」

という主旨の発言をした。しかし、「原因」をもとめない主体をそだてる、という観点にたつならば、教材としてもっとも有効なのは、いぜんとして小説である。語りと作中人物の関係が、詩歌やノンフィクションにくらべ、はるかに複雑でいりくんでいるからである。

三、「国民的大作家」の功罪

司馬遼太郎の小説には、「特権的にすべてをわかっている人間」や、決定的な「原因」がえがかれる。そして、「原因」に気づかないおおかたの「愚民」ではなく、「わかっている少数者」のがわにじぶんはいると、読者におもわせるのにたくみである。

三成は当初、家康がどこに本営をおくかということをあれこれ想像してみたが、どう考えても関ヶ原の北

方、菩提山山麓の伊吹村のどの丘陵かをつかう以外に適当な場所はない。

まさか、桃配山とはおもわなかった。味方が陣どる南宮山の一方の斜面ではないか。

（あれほどの戦さ上手が）

信じられぬことではあったが、事実とあればこれほど味方にとって勿怪のさいわいはない。三成は大きく膝を打った。

「勝った」

三成の癖であった。これほど明敏な頭脳をもつ男が、つねに物の一面しかみえないのである。この場合も、なぜ家康ほどの千軍万馬の老練の将が、わざわざそんなところ本営にえらんだかということを疑ってみようともしなかった。疑えば、

――ひょっとすると南宮山の味方は寝返っているのではあるまいか。

という疑問は当然うまれたであろう。


（『関ヶ原』）


南宮山の敵を合戦まえに寝がえらせ、桃配山という危険なはずの場所の安全を確保して、あえてそこに布陣する――そういう、「特権的にすべてをわかっている人間」として、司馬は家康をえがいている。そして、西軍敗北の「原因」を、三成の思考が一面的だったことにもとめているわけである。

これに類する単純化は、さきにふれたように、スパイ小説などでもおこなわれている。はなしをおもしろくするうえでは、効果的な手だてであり、『関ヶ原』を娯楽小説としてみるかぎり、司馬を非難するいわれはない。ただし、この小説を史実のようにうけとったり、ここから「人生訓」をまなぼうとしたりするのであれば、だまっているわけにはいかなくなる。そして、司馬のかたりくちには、虚構の介在をわすれさせ、歴史からま

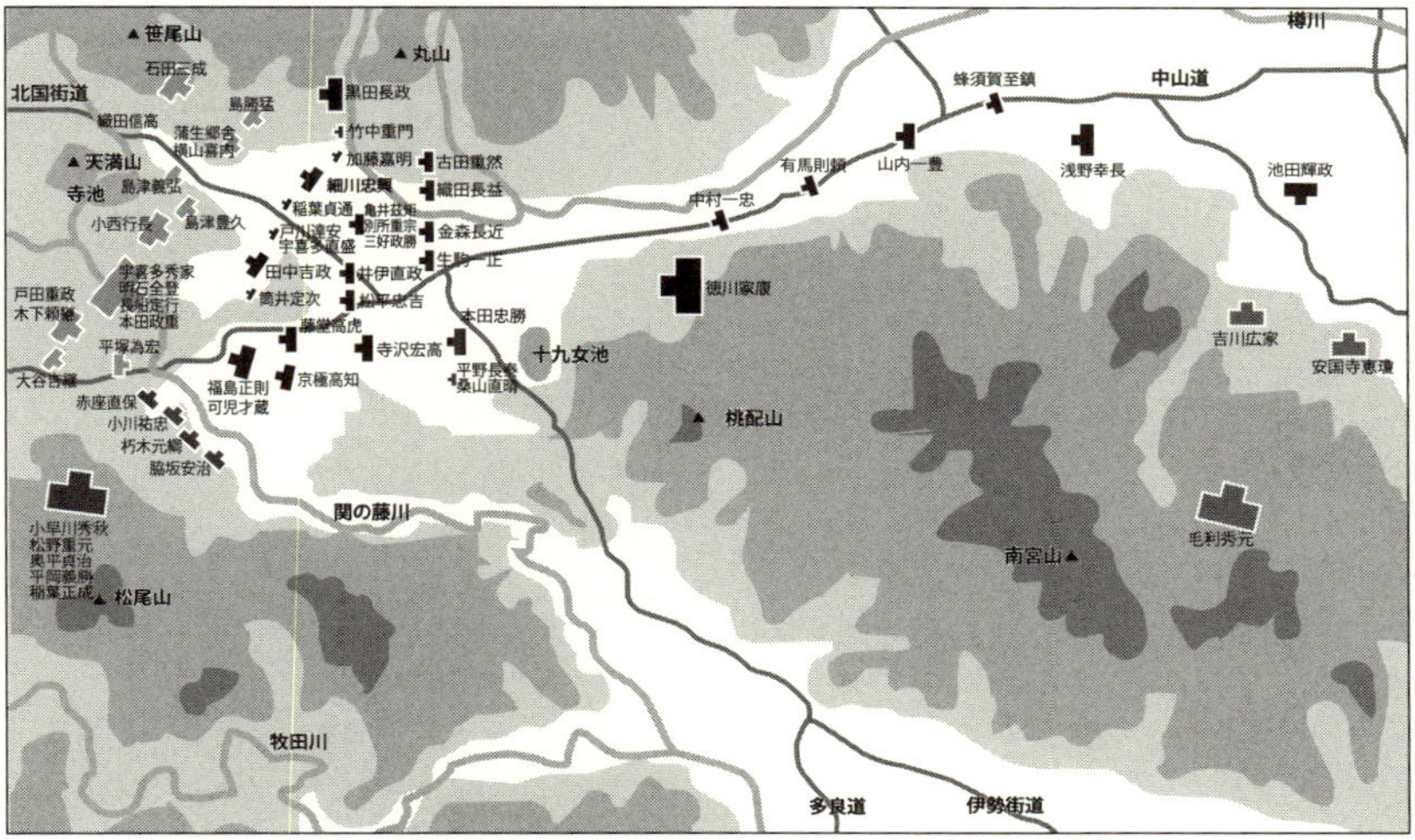

関ヶ原布陣図（慶長 5 年 9 月 15 日午前 8 時前）

なびつつある気持に、読者をいざなう魔力がある。

司馬は、史実のごとくに法螺ばなしをする達人だ。とすれば、その司馬が、どのようにフィクションを構築したかをみることは、「情報操作」の実例をしるうえで、有効だろう。司馬の小説から何かをまなぼうとするのなら、そういう観点がとるほうがおそらく賢明である。

関ヶ原の合戦の布陣が、圧倒的に西軍に有利なものだったことは、しばしば指摘される。関ヶ原の盆地にかたまっている東軍を、山のうえからみおろして囲いこむように、西軍は展開した。

ただし、桃配山の地勢は、司馬がかいているほど、南宮山に陣どる西軍からおびやかされるかたちになっていない。この山は、たしかに南宮山と尾根つづきだが、吉川広家や毛利秀元が布陣したのとは、反対の斜面にある。吉川隊や毛利隊の陣からは、桃配山もふくめ、関ヶ原はまったく視界にはいらない[注9]。

さらに、南宮山は峻険で、これを大軍がこえるのはむずかしい。吉川隊や毛利隊が、関ヶ原の東軍におそいかかるとしたら、桃配山から東にはなれた地点におりて、家康の背後にまわりこむしかない。

だから、司馬の小説にあるように、桃配山に家康の陣があるのをみて、三成が狂喜したとはかんがえにくい。司馬もおそらく、そのことは承知していたはずだ。旧参謀本部編『日本戦史　関ヶ原の役』をはじめ、司馬が参照したとおもわれる資料には、南宮山の西軍にたいするそなえとして、池田輝政と浅野幸長が配置された、と明記されている[注10]。この池田隊と浅野隊は、桃配山の東方、南宮山の北東のふもとに陣どっている。家康本陣の裏側にあたる位置である。吉川隊と毛利隊が、南宮山の尾根づたいに桃配山をせめる、という想定は、ありえなかった。その論外の想定を、家康の「智謀」と三成の「欠落」を強調するために、司馬はもちだしている。

もうひとつ、司馬が三成の「欠落」を印象づける目的で導入した虚構がある。小早川秀秋にたいする、三成の「甘い認識」がそれである。


「聞いているか」

吉継は、白い覆面のなかからいった。

「金吾中納言（小早川秀秋）は裏切るといううわさがあるが」

「左様なことはすまい。かの者は故太閤の御猶子ではないか」

「そこがおぬしの甘さだろう」

覆面のなかで笑った。吉継は、三成という男がこれほど明敏な頭脳をもちながら、人間に対する認識が、欠落したように暗いことを知っている。

「金吾が、裏切れた義理か。いまこそ故太閤の御恩に報ずべきときではないか」

と、三成は、寒さと怒りにふるえながらいった。三成のくせであった。三成の発想はつねに批評であって現実認識ではない。

しかし、先述の『日本戦史　関ヶ原役』によると、開戦まえに、秀秋に裏切りのうわさがあることを戸田重政がききつけ、軍議にかこつけて秀秋に面会し、暗殺することを提案した。三成は、宇喜田秀家や島津義弘らとともに、これに賛成した、という。さらに、『寛永諸家系図伝』の「稲葉正成」の項（これも、司馬は参照していた可能性はある）には、「是によりて三成等、秀秋をもって二心ありとす。（中略）賊徒（引用者注・三成たちのこと）相はかりて秀秋が陣をせめんとす。」とある[注11]。三成は、裏切り濃厚な秀秋を、決戦まえに攻撃しようとした、というのである。

三成は、司馬がかいているほどあまい男でなかった。司馬はそのことをしりながら、あえて子どもじみた理想主義者として彼をえがいた。おそらくは、三成敗北の「原因」を単純化するために、である。三成はまけるべくしてまけた、とおもわされてこそ、読者は何かをまなんだ気になるのだ（そして、「現実を、批評するのではなく認識することが、いかにたいせつか」というような教訓が、そこからひきだされる）。

『寛永家系図伝』によると、三成たちにせめられるのをおそれて、秀秋は、松尾山城に逃げこんだ。このため、「小早川勢は、こちらが目をはなしたら何をするかわからない」と西軍首脳部は判断し、関ヶ原に布陣したとする説もある[注12]。いっぽう家康が、小早川がたしかに裏切るのか、ずっと案じていたという逸話は、有名である[注13]。

松尾山の小早川勢がどちらにつくかが、関ヶ原の勝負のわかれ目であったことはまちがいない。家康も三成も、秀秋がじぶんに味方するという確信のないままたたかっていた。開戦当日は霧の濃い日で、松尾山から視界はきかなかったろうといわれている[注14]。小早川勢にしても、戦局をみて判断をくだしうる状況にはなかった。

関ヶ原の合戦は、秀秋が当日、どちらに味方するほうに気がむくか、という、偶然にちかい要因によって決着した。家康も三成も、「特権的にすべてをわかっている人間」からは、程とおい。

さきにのべたとおり、司馬の小説をたのしみとして読むのは、いっこうにかまわない。だが、そこにまなぶことで、「特権的な少数者」になることをめざすなら、「コスモ石油に勤めている友だちのお父さんからの情報」に、まどわされる側にまわるだろう。

内田樹は、司馬遼太郎についてこういっている。

> 日本の多くの中高年男性は司馬遼太郎を愛読しています。それは司馬遼太郎が現代日本社会に対して肯定的だからではありません。むしろ司馬はきわめて激烈に現代日本社会を批判しています。それにもかかわらず、彼が「常識的」で「凡庸な」多くの読者に支持されているのは、司馬のテクストが読者に「私は現代日本においては少数派の受難者なのだ」という心地よい幻想を与えてくれるからです。（中略）もちろん私はそれが悪いといっているのではありません。（中略）凡人たちこそ、通俗性と凡庸さを誰よりも憎み、マジョリティに属する人々こそ、「自分はマイノリティだ」と信じ切っているという平凡な事実を指摘しているにすぎません。[注15]

司馬は、読者を「特権的にすべてをわかっている人間」の側にさそいこむことで、「通俗性と凡庸さを憎む凡人」にこびる。司馬の媚態に幻惑されているばかりでは、情報と聡明に向き合うことはできないだろう。史実そのものをかたるとみせかけて、司馬が何をかくし、何を誇張したか——そのことを検証することは、生徒や学生にとっても、きわめて有意義であるにちがいない。

四、東西レトリック事情

「健康には、ただちに影響はない」
——このいいまわしは、福島第一原発の事故にかんする政府会見で、毎日のようにくりかえされ、失笑を買った。

「ただちに影響はない、ということは、いつかは影響がでるかもしれない、ということだろう？　だったら、その『いつかは』がいつなのか、影響がでるとしたらどんな影響なのか、はっきり説明しろ！」
——日本に住んでいる人間も、そうでない人間も、おおぜいがこの会見に対しいきどおった。

マイナス要因を、あいまいなことばにいいかえる、という性癖は、日本語を母語とする人間に、一般的にみとめられる。太平洋戦争末期にも、戦闘に敗北して退却したことを公表するさい、「転進」ということばがもちいられた。事実としてはおなじでも、「退却」という語が発する「失敗」のニュアンスが、「転進」にはないから、というのが理由であった[注16]。

「ただちに影響はない」も、「転進」も、それじしんは「嘘」でも「隠蔽」でもない。政府が「ただちに影響はない」といったときの、放射能汚染をしめす数値は、たしかに急性障害をおこすレベルではなかった。「転進」といおうが、「退却」といおうが、日本軍がある地点から、べつの場所に移動した事実はかわらない。

問題は、事態の否定的側面が、こうしたいいかたでやわらげられることで、どういう結果が生じるか、である。これまでどおりのやりかたが、頓挫しつつある場合、当事者は、つぎにどういう手を打つか、かんがえなければならない。状況のまずさが明言されないことは、その「つぎの手をかんがえる義務」を、あいまいにする。今回の原発事故では、日本政府や東京電力の危機管理の拙劣さが、海外からも批判された［注17］。事態を収拾させるべき存在が、「つぎの手をかんがえる義務」に直面しないのだから、危機的な状況において、対処が後手にまわるのも当然である。

それでは、どうして日本語ネイティヴは、否定的要因をあらわにすることを厭うのか？　この点にかんしては、『「である」ことと「する」こと』における、丸山真男の古典的考察が——悲しくなるほどに——有効である。

武士は行住挫臥つねに武士であり、またあらねばならない。しかし会社の課長はそうではない。彼の下役との関係はまるごとの人間関係でなく、仕事という側面についての上下関係だけであるはずです。アメリカ映画などで、勤務時間が終った瞬間に社長と社員あるいはタイピストとの命令服従関係がふつうの市民関係に一変する光景がしばしば見られますが、これも『する』こと」に基づく上下関係からすれば当然の事理にすぎないのです。もし日本で必ずしもこういう関係が成立してないとするならば、——仕事以外の娯楽や家庭の交際にまで会社の「間柄」がつきまとうとするならば——職能関係がそれだけ「身分」的になっているわけだといいましょう。［注18］

丸山にしたがうなら、大本営参謀とか官房長官というのは、日本においては「職能」ではなく、「身分」である。参謀のかんがえた作戦が成功し、首相官邸が指示したやりかたで放射能漏れがとまるなら、それにこしたことはない。しかし、現実は、そうしたのぞましいすすみゆきからしばしば離脱する。

このとき、「職能」として参謀や閣僚をつとめている人間は、すみやかに対応策をとろうとするだろう。その人物がかりに、「つぎの手」をいつまでも打たずにいたら、事態を理想的に収拾できなかったことよりも、そちらのほうを非難されるはずだ。

これに対し、「身分」として参謀や閣僚の地位にある人間は、どうだろう。おもったとおりにものごとを解決できなかったことは、参謀や閣僚にふさわしくない「失態」である。そうした「失態」を、わるびれもせずにありのままかたることは、恥を恥ともおもわないふるまい、ということになる。参謀であり、閣僚であることに責任をかんじているからこそ、「おこってしまったこと」を率直にはかたりにくいわけである。

むろん、戦闘における敗北や、放射能漏れといった「いいにくいこと」は、世界じゅうどこでも、ある程度とおまわしにかたられる。だが、そうした場合の婉曲化のしかたは、文化によって一様ではない。

米軍に関係者むけに発行されているStar&Stripesという新聞がある。三月一五日のこの新聞に、福島原発の事故の影響をさけるため、横須賀基地の軍関係者が帰国する必要はあるか、についての記事がのった[注19]。

Any decision to evacuate military personnel and their families from Japan would come first from the State Department, Atsugi's base commander told Stars and Stripes following a town hall meeting with concerned residents Tuesday night.

Spurred by concerns after the announcement of very low-level radiation detected at Atsugi on Tuesday morning, audience members asked Capt. Eric Gardner if there was an emergency evacuation plan, and he initially told them that there was not.

He then mentioned that if there were an evacuation, the sick would go first, followed by noncombatant

私訳：厚木基地の指令官は本紙に、軍関係者およびその家族の、日本からの避難にかんするいかなる決定も、まずは国務省からもたらされるだろうと語った。本紙は、火曜日の夜におこなわれた、事態を懸念する基地居住者との、公民館での集会を取材していた。

火曜日の午前、厚木で非常に低いレベルの放射線が検出されたとの報道のあと、現状への懸念に拍車がかかった。このため、この集会の参加者たちは、エリック・ガードナー指令官に、緊急避難計画はあるのかとたずねた。指令官は最初に、そうした計画はないと聴衆に語った。

指令官はついで、もし避難する場合は、病人が最初であり、それに非戦闘要員がつづくとのべた。


この記事がでて四日後の三月一九日には、軍関係者の家族で、帰国を希望した人々の乗せた飛行機の第一便が、横田基地から飛んでいる。厚木基地や横須賀基地もほどなく、同様の帰国便を用意した。

ガードナー司令が「避難計画はない」と口にした段階で、すでに非戦闘要員の帰国は検討されていたはずである。ガードナー司令が、それを否定したのは、逃げる手はずがととのうまえに、逃げる必要をあきらかにすることで、パニックがおこるのをおそれたのだろう。

ただし、ガードナー司令は、避難計画が存在しない、と断言するいっぽうで、

「もし避難する場合は、病人が最初であり、それに非戦闘要員がつづく」

といっている。ここでつかわれている。

「現段階では○○することはかんがえていない。しかし、もしそうする場合は……」

というレトリックは、英語圏の人間のことばのなかにしばしばあらわれる。こういういいかたがなされる場合、まだ公にはできないものの、○○をすることはほぼきまっていることがおおい。

日本語ネイティヴも英語ネイティヴも、「いいにくいこと」をありのままかたらない点はかわらない。両者

のちがいは、どこをどのようにカモフラージュするか、にある。この「ちがい」を認識することは、情報をただしくやりとりするうえで欠かせない。

英語ネイティヴの人間でも、原発事故の被害をありのままかたりにくいことは、理解しているはずだ。が、アメリカやイギリスの政府ならおそらく、

「現在のところ、ただちに健康に影響はない。万が一、影響がでることが判明した場合は……」

といういいかたをする。「万が一」以下の部分をいわないことで、日本政府は、日本語ネイティヴにあたえる以上のつよい不信感を、英語ネイティヴに抱かせているにちがいない。

反対に、ガードナー司令の談話をきいた日本語ネイティヴは、大半が、

「避難の必要はないのだな」

としかおもわないだろう。そして、四日後に緊急帰国便が用意されたとしったら、

「ガードナーは二枚舌だ」

とかんじるはずだ。

こうした「誤解の累積」をさけるため、日本語と英語の、ものごとを婉曲化するときのやりくちのちがいを、教室でおしえることは有用である。このとき文学テクストは、非常にすぐれた教材価値を発揮する。

左衛門内侍といふ人侍り。あやしうずずろに、よからず思ひけるともしり侍らぬ、心うきしりうごとの多うきこえ侍りし。

内の主上の源氏の物語、人に読ませ給ひつつ聞こしめしけるに、「この人は日本紀をこそ読み給へけれ。まことに才あるべし」とのたまはせけるを、ふと推し量りに、いみじうなん才がると殿上人に言ひちらし

て、日本紀の御つぼねとぞつけたりける。いとをかしくぞ侍る。このふるさと女の前にてだに包み侍るものを、さる所にて才さかしゐで侍らんよ。

この式部丞といふ人の童にて書読み侍りし時、聞きならひつつ、かの人は遅う読みとり、忘るる所をも、あやしきまでぞさとく侍りしかば、書に心入れたる親は、「口惜しう、男子にてもたらぬこそ、さいわいなかりけれ」とぞつねに嘆かれ侍りし。[注20]

私訳：左衛門内侍という人がいます。この人が私のことを、ふしぎとむやみに、よからず思っているともしりませんで、不愉快な悪口がたくさん耳に入ってきました。

帝が、源氏の物語を、人にお読ませになりながらお聞きになっていらした折に、「この人は、日本紀をお読み申しあげたのだろう。ほんとうに漢文の学才があるにちがいない。」とおっしゃったのを、左衛門内侍は、ふとあてずっぽうに、ひどく漢文の学才があるふりを私がしていると、殿上人たちにいいふらして、しまいには、日本紀の御局とあだ名をつけたそうです。まったくのお笑いぐさです。この実家につかえている女たちの前でさえ、漢文が読めることを隠していますのに、そんな宮中のようなところで、漢文の学力をひけらかして、かしこぶったりするでしょうか。

私の家の式部丞という人が、まだ童で、漢籍を読んでいましたとき、私はそばで聞いてまなんで、その人がおそく読みとり、すぐに忘れてしまう箇所でも、ふしぎなほどの聡明さをみせましたので、漢籍に熱心だった父親は、「残念なことに、この子を男子としてもたなかったことが、私の不運であった」といつも嘆いておられました。

『紫式部日記』の、よくしられた一節である。ここでは、「退却」を「転進」といいかえるのと、ちょうど逆の論理がはたらいている。

「帝に、漢学の素養があるといわれた」

「子どものころから、漢学の才能はすばぬけていた」

――かたられているなかみをみれば、紫式部がしているのは、まぎれもなく「自慢」である。そして、その「自慢」は、

「左衛門内侍に悪口をいわれてこまったはなし」

をよそおって提示されている。

これとよく似たかたちの「自慢」は、現代においてもしばしば耳にする。

「いやあ、うちの子、やっと大学にはいってくれたんですの。ええ、男の子だから、早く独立してひとり住まいしたほうがいいっていたのに、なんだかまだ親といっしょに東京にいたいみたいで……ほんとにいつまでも子どもで、たよりないんですの。それに、うちは子どももひとりなんだから、私立でもなんでも好きなところいきなさいっていったのに、妙にケチにできてるのか、俺は国立しかいかないって……そうですの、いちおうね、駒場にある大学にはいったんですけどね、それで学部も、これからは社会もおおきくかわるだろうから、あたらしいことやりなさい、っていったのに、小心者っていうか、公務員になりたいから法学部はいるんだって、文一なんかはいっちゃって……もっとじぶんの好きなこと、のびのびやるような子にそだてるべきだったかなって、主人と反省してるんです……」

さきにみたとおり、参謀や閣僚に課された仕事を「する」ことより、参謀や閣僚にふさわしい無謬の存在「である」ようにみえることが、日本ではもとめられる。その裏がえしとして、弱者「である」こと――いじめの被害者である・子どもがたよりなくてこまっている――をよそおうなら、口にするのもはばかられるような自

慢も、ゆるされるわけである。

『「である」こと偏重』の結果として生まれる独特のいいまわしが、日本には伝統的に存在する。そのことをおしえるのに、『紫式部日記』はたいへん有用である。

それでは、英語におけるコミュニケーションにしばしばみられる、

「現時点では○○することはかんがえていない。ただし、万が一の場合は……」

というレトリックをおしえるのにふさわしい、文学教材はあるのだろうか？

私見では、シェイクスピアの『マクベス』が、この場合、うってつけである。

「いずれ王になる」と魔女に予言されたマクベスは、その成就をはやめるため、みずから手をくだして王を殺害する。のぞみどおり王座を手中にしたマクベスだが、叛乱への不安はやまず、さらなる託宣をもとめて魔女のもとをおとずれる。魔女は三つの亡霊を出現させ、つぎのようなことばをマクベスにあたえた。[注21]

First Apparition. Macbeth! Macbeth! beware Macduff;
　Beware the Thane of Fife.——Dismiss me.Enough.
私訳：第一の亡霊「マクベス！　マクベス！　気をつけろ、マクダフに。
　　気をつけろ、フィフの領主に——消えさせてくれ、これまでだ」
Second Apparition. Be bloody, bold and resolute:laugh to scorn
　The power of man, for none of woman born
　Shall harm Macbeth.
私訳：第二の亡霊「血にまみれろ、勇敢で、毅然としていろ。人間の力を

嘲りわらうのだ。女から命をあたえられたものは、誰も
マクベスを害することはない。」

Third Apparition. Be lion-mettled, proud, and take no care
Who chafes, who frets, or where conspirers are;
Mcbeth shall never vanquish'd be, until
Great Birnam wood to high Dusinane hill
Shall come against him.

私訳：第三の亡霊「獅子の勇気と誇りをもて、怒りや苦しみをもたらすのが誰で、
裏切り者がどこにいるかなど、気にしてはならぬ
マクベスは、けっして屈することはない、
バーナムの大いなる森が、マクベスに向かい
ダンシネインの高き丘にやって来るまでは。」

これをきいて、マクベスは安堵する。

しかしまもなく、王の遺児を推戴する叛乱軍が、樹木をかざしてマクベスの居城にせまる。そのようすは、バーナムの森がダンシネインの丘にむけてうごいたようにみえた。結局、臨月よりまえに、帝王切開で女の腹からひきずりだされた――つまり、女から命をあたえられたわけではない――マクダフに一騎打ちをいどまれ、マクベスは命を落とす。

魔女がマクベスにあたえた託宣は、つぎのようにかきかえると、ガードナー司令のことばとそっくりである

ことがわかる。

「現段階では、マクベスが打倒される可能性はまったくない。ただし万が一、マクベスがほろびるとしたら、

① マクダフと対決した場合である。

② 女から命をあたえられたわけではない人間とたたかった場合である。

③ バーナムの森がダンシネインの丘までうごいた場合である。」

英語圏では、

「たとえ仮想としてであれ、何かがことばにされた場合、そのことは、おこりうると想定されている」

というのが、暗黙の伝統になっている。『マクベス』はそれを、あらためてわれわれにおもいおこさせる。

逆に、英語のネイティヴは、実現のみこみのないことには、仮定としても言及しないのがふつうである。

すでに旧聞に属するが、二〇〇九年の秋、松井秀喜は、ワールドシリーズでMVPをとりながら、ヤンキースを放出された。ワールドシリーズ終了後、ヤンキースのブライアン・キャッシュマンGMは、

「今日は我々が世界一になったことを喜ぶだけで、FA（フリーエージェント）など、選手の去就について考えるのは明日以降。（八日には）スタッフ会議を行い、そこで松井に関しての話し合いを持つことになる」

とのべた[注22]。

「もし、松井と契約するとしたら……」

というフレーズを、キャッシュマンは口にしなかったのである[注23]。

英語ネイティブの習性をしっていたならば、ワールドシリーズがおわった段階で、キャッシュマンに松井と再契約する意志がないことは、容易にみぬけたとおもわれる。しかし、マスコミもふくめて、キャッシュマンの心算をよみあやまった者はすくなからずいた[注24]。われわれはまだ、魔女のことばを読みあや

まったマクベスを、わらえないのである。

五、おわりに

以上、話がほうぼうに飛んでしまったが、「情報リテラシーをそだてるうえで、文学テクストにできること」はしめしえたとかんがえる。

平時ならば、かたよった立場からの情報をナイーヴに信じてしまっても、命にはかかわらない（できのわるい車を買ってしまい、苦労するぐらいですむ）。どこかに「特権的にすべてをわかっている人間」がいる、とかんがえても、さほどの大事にはいたらない（せいぜい、馬券を買うときに、いかがわしい「インサイダー情報」におどらされるぐらいだ）。日本語ネイティヴと、英語ネイティヴの「口にすることがはばかられる話柄を婉曲化するツボ」のちがいをわきまえなくても、それほどはこまらない（松井秀喜が移籍するかどうかを、よみまちがえる程度だろう）。

だが、今回の震災のような非常時には、さきのものべたとおり、情報の誤読は身の安全にかかわる。数十年に一度の例外的状況といっても、おおくの人は、一生に一度は直面する計算になる。そのときのためのそなえを、学校教育でしておくことは、無意味でないはずだ。

文学教育の意義は、この震災によって、あらたな相貌をあらわした。そのことを、日本じゅうの文学研究者や国語教師が、しっかりみすえてくれることを祈りたい。

【注1】　スラヴォイ・ジジェック『快楽の転移』（松浦俊輔他訳　青土社　一九九六年）

【注2】　保阪正康『昭和史　忘れ得ぬ証言者たち』（講談社　二〇〇四年）

【注3】　ここではあえて、「テクスト論」ではなく、「テクスト分析」というタームをつかう。「テクスト分析」は英米圏にも存在する概念だが、「テクスト論」は、おもに日本に固有のものだからである。この点については、鈴木泰恵他編『〈国語教育〉とテクスト論』（ひつじ書房　二〇〇九年）掲載の、黒木朋興論文を参照のこと。

【注4】　この点については、本書の母胎となったシンポジウムで、作曲家の岩河智子がつぎのような主旨のことをのべている。「作曲家にとって次善の演奏は、じぶんのイメージを忠実に再現してもらうこと。最高なのは、作曲家の想定を越えるような演奏をしてもらうこと。」

【注5】　『羅生門』の引用は、青空文庫の本文による。

【注6】　三谷邦明『羅生門』の言説分析」『近代小説の〈語り〉と〈言説〉』（有精堂　一九九六年）・中川千春「テクスト研究の諸方法による芥川龍之介「羅生門」の解釈と鑑賞」（鈴木泰恵他編『〈国語教育〉とテクスト論』ひつじ書房　二〇〇九年）などで、このことは指摘されている。

【注7】　前掲の三谷論文のほか、田中実「批評する〈語り手〉」（『小説の力』（大修館書店　一九九六年）なども、『羅生門』の語り手が「非知」に直面したことを問題にしている。

【注8】　このような「芥川における語り手の倒壊」については、前掲の田中論文、三谷論文の他、友田悦生「「鼻」のアレゴリー」（『初期芥川龍之介論』翰林書房　一九九四年）に言及がある

【注9】　三池純正『敗者から見た関ヶ原合戦』（洋泉社　二〇〇七年）

【注10】　旧参謀本部編『日本戦史　関ヶ原の役』については、桑田忠親・山岡荘八監修の口語訳版（徳間書店　一九六五年）によった。

【注11】　『寛永諸家系図伝』第十三（群書類従完成会　一九九〇年）

【注12】　白峰旬『新「関ヶ原合戦」論』（新人物往来社　二〇一一年）

【注13】　貝原益軒『黒田家譜』（歴史図書社　一九八〇年）など。

【注14】　【注9】の三池の著作を参照。

【注15】　内田樹『村上春樹にご用心』（アルテスパブリッシング　二〇〇七年）

【注16】　新井喜美夫『転進　瀬島龍三の「遺言」』（講談社　二〇〇八年）

【注17】　二〇一一年四月四日付日経新聞電子版（http://www.nikkei.com/news/latest/article/g=96958A9C9381959FE2E1E2E3E48DE2E1E2E6E0E2E3E39494EAE2E2E2）など。

【注18】　丸山真男『日本の思想』（岩波書店　一九六一年）

【注19】　http://www.stripes.com/news/commander-decision-to-evacuate-bases-in-japan-would-come-from-state-department-1.137818

【注20】　『紫式部日記』の引用は、笠間書店刊の黒川本の影印

を私に翻刻した。

[注21] 『マクベス』の原文の引用は、Arden版による。ただし、一部私に表記を改変した。

[注22] 二〇〇九年一一月六日付け「スポーツ報知」による。

[注23] ただし、松井がワールドシリーズ後に、「来年は外野を守りたい」とのべたのに対し、キャッシュマンが、「ヤンキースでは彼を、指名打者としかみていない」と応じたことはある。これはあくまで、「ヤンキース側の希望と、松井の提示してくる条件はおりあわない」ということを強調するために、口にされた台詞とみるべきだろう。

[注24] たとえば、アメリカ在住のこの人のブログ。メジャーリーグをよくみていて、情報にもうとくないことはわかるが、英語圏の人間のロジックをみあやまっている印象はいなめない。http://sportsworldny.blogspot.com/2009/11/gm.htm

理系研究者から見た文学教育の問題点
――竹谷篤氏からの提言と、文学研究者からの応答――

竹谷 篤・助川幸逸郎・相沢毅彦

物理と国語教育

竹谷 篤

ひょっとすると私はこのシンポジウムで唯一の理系の研究者ではなかったのではないかと思っています。他の執筆者の先生方とは考え方もバックグランドもかなりちがっているので、自己紹介から書いておきます。私は国内の大学の物理学科で学び、大学院時代はほとんどつくばの研究所で文字通り大型加速器のそばで寝起きして素粒子物理の実験に携わっていました。博士号を取得後アメリカの国立研究所で職をえて四年間をすごし、帰国して国内の政府系研究機関に勤務しています。その後もニューヨークの研究所にある大型加速器を使った原子核物理の研究を進めている関係もあって、現在は日本とアメリカとの間を行ったり来たりの生活です。実験は規模が大きく、論文の共著者は五〇〇人前後となります。現在私が中心に開発・制作を進め、運転を開始した装置は日本、アメリカ、フランス、スイスの研究者と共同でつくっているため、研究上の共通言語は英語です。

物理を研究する上で、どんな言語で考えているかというと、「物理」という言語ではないかと思えるときがあります。もちろん物理をきちんと記述するために自然科学の共通言語である「数学」の助けをかりることは多いです。それを人に伝えるときにはそれなりの自然言語が必要となりますが、物理学者同士で議論しているときには、自然にたいして、それを説明する物理的モデルがありますから、それを共通認識として議論することができます。ただ単にそのモデルをそれぞれの言語に翻訳するだけなので、楽にできます。もっと極端にいえば、議論する自然言語では、物理のための専門用語の語彙、それに若干の文法を使いこなせればなんとか通じます。

我々のグループでは学部学生、修士・博士課程の学生から博士号をとったばかりのポスドク、大学の准教授、教授クラスの研究者まで共同で研究を進めています。同じように初めてアメリカにやってきても、英語で研究上の議論を行う場合、ポスドククラスだと、すでに議論の対象である「物理」のイメージが自分の頭の中でできていますから、英語は単に翻訳にすぎません。そのため短期間で研究上の議論が自由にできるようになります。しかし経験の浅い学生さんにとっては物理的イメージの構築が発展途上で、英語もわからず二重苦となりかなりつらい状況ではないかと思えることがあります。

私の同僚の優れた物理学者であるA氏は数式やらグラフをみて美しいと思えるのは特殊技能だといっています。抽象的思考ができるのはかなり高度な技能ということです。若い大学院生と日常的に接していると、抽象的思考ができる人とできない人がいるようにみえます。

東野圭吾原作、福山雅治主演で「ガリレオ」というミステリードラマがありました。主人公の天才物理学者が事件の解決についてなにか思いつくと数式を地面でもどこでも書きなぐり考えをまとめていきます。さすがに私は地面に書いて議論をしたことはありませんが、自分の頭の中をまとめるために、適当なモデルで図を書き、式をたてて、計算することは物理学者同士の議論ではかなり頻繁におこります。研究室の黒板はともかく、場合によって、食堂の紙ナプキンの上に書いて議論していることも多いです。（そういえば、たいていの研究所の食堂には紙ナプキンがおいてあります。議論用においてあるのかもしれません）そこでどういう作業をしているかというと、頭の中のイメージを人にどう伝えるかという作業です。それがこのシンポジウムで議論された抽象的に考えるという作業ではないかと思います。そのイメージの伝える言語が日本語か英語かというのは私にとっては大した差ではありません。もちろん使いこなせる語彙の数がちがうので、英語では多少苦労するところがありますが、普段の議論では何語で考えるかということをほとんど意識していません。

研究のためには、コンピューターのプログラムを書くこともあります。研究者同士で議論しているときに、どんなプログラムが必要かということになると、そのプログラムのコードのイメージができることが多いです。こうすれば実現できそうだということでプログラムを作り始めます。ある程度の数式を使った処理の場合だと、まず考えるべきは、解こうとする問題がとけるかどうかというアルゴリズムの検討からはじめます。その場合プログラミング言語は人間の考えをコンピューターに理解させるための道具にすぎなくなります。今存在しているプログラミング言語は似たようなものなので、一週間集中して勉強すればものになります。

私の中では文学というのは人間をどう表現するかということが主題となるものです。これは文学ではなく哲学、歴史を含んで人文系というもっと大きな分野体系が人間を理解するということが目的のものだと私は認識しています。人間の存在にあいまいというか、白黒つけられない、複数の真実が存在しているところから、同じ前提・仮定から出発しても得られる結果は一意的でなくなります。たとえば、ある時点での主人公の心情はどうであったかなんていうことはたくさんの解釈が存在しえます。歴史の解釈においても複数のものがあります。ここが物理学との違いだと考えられます。物理学では前提が同じであれば、同じ物理的イメージに達することができます。少なくとも自然を観察して、その観察結果から同じ物理的モデルを構築することはできます。

抽象思考つまり自分の頭の中のイメージを表現することを訓練するのはどのような方法が有効かというと、あるイメージを複数の人に与えて、それを表現し、かつその複数のなかで、そのイメージに関する合意をとる作業ではないかと思っています。物理であれば、実験において測定を行い、それを元にどういう物理的イメージが得られるかということです。同じ実験を行えば、えられる結果は実験誤差の範囲で同じになります。数学であれば、もっと厳密で大半の場合、帰結は誤差なしに同じものになりえます。文学の場合は同じ対象を観察しても得られる結果は人によってかなりの差があり、そのイメージに関して合意をとることはかなりむずかしいでしょう。

このため抽象思考を、文学を用いた国語教育で訓練できるか?ということについては、私は懐疑的にとらえています。

自然科学でのドキュメントは複数の読み方があっては困ります。書いた人の意図がきちんとつたわるものでないといけません。そうなると複数の解釈が同時に存在して、どれもが正しいというものはあまり都合がよくありません。例えば、初等教育の段階では文を書くのは感想文、作文の類です。なにかをきちんと説明するというようなことはほとんど訓練されていないようにみえます。これはかなり深刻な問題と思っています。私の子どもがアメリカの幼稚園、小学校にかよっていたときに、「show and tell」という授業方法がありました。指定された文字で始まる物品を家庭からもってきて、みんなの前でそれはなにかを説明するものです。感想文の場合には、人の感じ方はいろいろありますから、それを評価することはあまりされてないように思えます。物事を説明するとなると、正確にできるか、人にわかり安く伝えられることが大事で、それはある程度評価ができてフィードバックをかけつつ指導することはかなり容易だと思います。文学教育を全面的に否定する意図はありませんが、なにをどう記述するかについては、現在の国語教育は片寄すぎているように思えます。人の心の動きをみることは必要ですが、それだけでは論理的な考え方ができて、国際的に通じる人間が育てられると思えません。

アメリカの実験では各国の学生さん方と研究をすすめています。日本を代表するような学校の学生がきていますが、ドキュメントを書く能力においては日本の学生さんはアメリカ人にくらべて芳しくありません。学部の段階で実験レポートを書き、卒業論文、修士論文等でものごと記述するという訓練はうけてきていますが、その能力は劣っているのが現状です。英語の問題だけではないです。

この文では文学を用いた国語教育で私が問題だと認識していることに関して書いてきました。国語教育にはどんな事項が要求されてきたのかというのはシンポジウムでも歴史的な経緯を含めて議論されました。そのうえで、どの部分が文学教育は得意で、どの部分は不得意かということを認識し、得意な部分はのばし、不得意な部分に関しては別の分野での方法論を導入すべきだと考えます。

文学教育と国語教育——竹谷さんに応える——

助川幸逸郎

国語教育についての竹谷さんのご提言、非常に興味ぶかく拝読しました。

竹谷さんのおっしゃっていることを、具体的な方針として落としこむ場合、以下の五つの点が問題になってくると私は考えます。

①実用的な言語運用能力（論説文の読解力・書式にのっとった、論理明快な報告書を書く能力・議論したりスピーチしたりする能力）などの育成に、日本文学研究者のみが携わるのは適切なのか。

②実用的な言語運用能力以外の部分で、国語教育にできること（もしくは、国語教育がやるべきこと）として、どのようなものが考えられるのか？　そうした「実用を超えた部分の国語教育」は、文学教育とイコールと認識してよいのか。

③理系の研究が「ひとつの正解」を追うものであり、人文学が「白黒をつけられないあいまいなもの」を対象とする認識は正しいのか。もし正しいのだとすれば、文学や歴史の研究には正解がないということになる。「正解のない学問」を教えることが、はたして可能なのか。

④上記の③と関連して、人文学に「正解のない学問」という性質があるならば、それは学問というより、道徳や芸術の領域に属するものではないのか（原理的に「正解がない」領域は、「真」を追及するものとは言いがたい。ということは、「善」や「美」を追求するのが人文学ということになるのではないか）。

⑤上記の②の問題を逆に問うならば、文学教育に実用的な価値はないのか？　もし、そうした実用的な価値があるならば、積極的に指標化をおこなうことで、文学教育の価値を広くうったえることができるのではないか。

まず、①の点についてです。

日本文学研究者の言語活動の範囲は、実は一般の社会人よりも狭いぐらいです。私は非常勤専従なので、専任の方々はどうかわかりませんが、企画書や報告書を書く機会はほとんどありません。外国にむかって情報を発信する機会もそれほどありません。

聞くところによれば、フランスのバカロレア（センター試験のような、全国統一大学入試テスト）は、すべて記述式だそうです。このため、フランスの高校では、ほぼ全員が、書式にのっとった説明文の書きかたを教わるといいます。

日本では、説明文や意見文の書きかたの基本形を、教わる機会が限られています。大学まで行って、そうした基本形を、一度もまともに教わらない人も多くいます（中高の国語の先生の中にさえ、時として「相手に伝わる実用文」が書けない人がいるのはこのためです）。だとすれば、フランスで論文の書きかたの基本を教わってきた人（たとえばフランス留学経験のある学者）は、普通の日本人にはないノウハウをもっていることになります。そういう人材に、国語教育に関与してもらうことが、有意義であることは間違いありません。

私の知りあいの哲学研究者は、副業で高校生相手に小論文を教えて、大きな成果をあげています。実際、予備校の小論文の講師には、日本文学の専門家より、哲学や社会学をやっている人の方が多いぐらいです。日本文学に従事する人間だけが、日本語運用能力を向上させる方法をもっているわけではない――そのことを、こうした事実は証明しているのではないでしょうか。

竹谷さんは、「ドキュメントを書く能力においては日本の学生さんはアメリカ人にくらべて芳しくありません」と書いておられます。日本では「show and tell」のようなトレーニングをする機会がないのが問題だ、ともおっしゃっています。それらの問題に対応していくには、理系の研究者や、ビジネスの現場で働いておられる方の意見をうかがう必要もあるでしょう。場合によっては、そうした方々に教壇に立っていただいたくのも有効かもしれません。

こんなことを書くと、

「中高の国語教員や、大学の言語表現法の講師は、日本文学科出身者の貴重な就職先なのに、そこを他の分野の人間に売り渡すのか」

という非難の声が飛んできそうな気もします。しかし、日本文学科を守りたいと願っている点において、私は人後に落ちないつもりです。

実用的な国語教育にさまざまな要素を取りいれることで、中高で国語の時間数を増やすことに、社会の合意が取れるかもしれません。言語表現法があらゆる大学・すべての学部で必修になる、ということも期待できます。他分野の方々と協働することで、国語教育全体のパイを大きくする、という発想が必要だと私は考えています。

つぎに②についてです。

私はつねづね、文学を学ぶ意味について

「実学というのは、基本的にどうすればうまくいくかを教えてくれる。しかし、うまくいかない時に、どのようにその状況に対処すればいいかは教えてくれない。うまくいかない状況での持ちこたえ方を習得する上で、文学を学ぶことは必要である」

「人間にとって、〈不安〉は〈恐怖〉にまさる。自分の身に何が起こっているか、正確に把握する力をつけることは、よく生きるためには欠かせない。そうした力をつけるには、どういう表現によって、どのように人間の心が動くのかを検討する、文学や芸術の研究はまちがいなく役に立つ」

というふうに説明しています。

「怪我をした時にどう対処するか」と似たようなことを、文学の授業で学ぶのだと私は言っているわけです。文学教育には、真理を追究する「学」というより、自分のway of lifeを統御していく「術」といった方が適切な部分があります。

そして、「人間の心が、どういう状況でどういうふうに動くのかを探究する」というのは、心理学や哲学のあつかう領域とも重なってきます。

私が唱えている以外の「文学教育を意義づける説」としては、「他者理解の方法を学ぶ」とか「自己変革の契機をつかむ」とかいうものが主流です。これも、心理学や哲学に通じる意見であることはあきらかです。

では、文学教育の中に、心理学や哲学に通じる部分があるというのはマイナス要因なのでしょうか？ 私はかならずしもそうは思いません。

現在のアカデミックな心理学は、動物実験に刺激を与えて反応を見たりといった、実験にもとづくものが主流です。これは、「人間の心の動きが知りたい」という、多くの学生が心理学に期待するものから微妙にずれています。どちらかといえば、精神医学の方が、しろうとが心理学にイメージするものに近いようです。しかし大学の医学部では、精神医学のほかに、外科学や生物学などもまなばなくてはなりません。精神医学に興味はあっても、医学部でまなぶ他の科目に抵抗を感じる人は少なからずいます。

また、伝統的な西洋哲学の思考を把握する能力は、物理学を理解する力に近いものがあります。竹谷さんは、「このデータの数値からして、この実験は続ける価値がある」という「勘」は、努力次第で誰もが身につくものではない、とおっしゃっていました。

哲学的な思考も、専門家に言わせると、わかるやつとわからないやつにはっきりわかれるそうです。実際、「ヘーゲルの『精神現象学』について」とか「カントの人間観」みたいなタイトルで卒論を書ける哲学科の学生は、中堅どころの大学だと、一割か二割しかいないと言います。

ある哲学者や哲学書の理論体系を、抽象的なまま理解して言葉にできる学生は、限られているわけです。では、他の学生はどういう卒論を書くかというと、文学テクストや映画を、哲学的な理論にもとづいて分析するのだそうです。

このように、心理学や哲学は、学生たちにとって近づきにくいところがあります。こうした状況に対し、学生が心理学に期待するものを、手近なかたちで提供したり、哲学的な思考を噛み砕いて示したりする――そんなことも、文学教育には可能なわけです。このことを、文学教育のメリットとして、積極的にうたっていくべきだと私は考えています。

そして逆に、「国語の時間に哲学もできる」というところから出発して、実用言語力とも、文学教育とも違う国語教育のありかたが構想することも可能です。

たとえば、評論文の「論理展開のパターン」の数は限られています。このため、こうしたパターンをたくさん知っている人間は、難しい評論文を読まされても、すばやく論旨をつかむことができます。

ということは、ヘーゲルやハイデガーといった、影響力の大きい思想家の理論を、できる限り単純化・マニュアル化して教えることで、学生の読解力の向上が期待できます。実際私は、塾や予備校で、難関国立大志望の受験生を教える場合、高二までに、哲学や現代思想の入門書を読むように勧めています。おそらくそれが、もっとも能率的な現代文対策だからです。

そして、哲学的思考をパターン化してわからせる「方便」として、漫画や映画や文学テクストを使うのは、きわめて有効なはずです。

国語教育を、「論理展開のパターン」を教える場としてとらえることは、これまでほとんどなされていません。文学教材も活用しつつ、そうしたパターンの習得させることで、国語の時間にさらに有意義なものにできるのではないでしょうか。

今度は③です。

歴史学で問題にされることにも、答えがひとつに決まるものと、決まらないものとがあるはずです。たとえば、

「源頼朝の一族は、清和天皇と陽成天皇、どちらを始祖とする源氏か」

という問いには、資料さえそろえば唯一の正解が得られます。これに対し、

「徳川幕府が崩壊した原因」

というような問題には、おそらく永久に、絶対の正解は出ないと思われます。

文学研究でも、事情は同じです。

「ここの叙述は、〈人格化されていない語り手〉の視点からのものなのか、それとも特定の作中人物に、語り手が同化しているのか」

という問いには、唯一の正解がありえます。いっぽう、

「このときの主人公の気持はどのようなものか」

という質問には、竹谷さんもご指摘のとおり「究極の正解」はありえません。

そこで、文学教育においても、「正解がありうる部分」を中心に、授業を進めようという動きもあります。

上にあげた視点の問題の他、

「この出来事が起こったのは、テクストには明示されていないが、いつからいつまでの間だったのか」

「この出来事の伏線をしめす叙述には、どのようなものがあったか」

といった類いの発問を軸に、授業を組み立てていくわけです。

このような、「正解のありうる部分」をメインにした文学の授業には、支持者も多くいます。

「主人公の気持」のような、「原理的に答えのない問い」について延々と議論するのは、たしかに不毛です。

また、小学校、中学校の国語教育が、実質的に「道徳教育」になっていることは、石原千秋氏をはじめ、多くの指摘があります。それらは、作者や登場人物の心情を理解させるプロセスが、結局はある道徳的価値観を押しつけるプログラムになっていると主張します（私自身、小学生の頃は、あまりに説教くさいので国語は大嫌いでした）。

こうした弊害が授業に入りこむのを、「正解のありうる部分」のみを対象とするならば、防ぐことができます。ただし、このやり方にはいっぽうで根づよい反発もあります。

当然のことですが、文学作品の価値は、「正解のありうる部分」だけから発生するわけではありません。「正解のありうる部分」から見た文学作品の理解というのは、たとえるなら、身長、体重、血圧、レントゲン写真、などから人間を把握しようとするようなものです。そこからこぼれ落ちるものは、少なからずあります。当然、こうしたやり方に対して、

「医者が病人を調べる時のようなアプローチの仕方を、学校で教えることで、生徒や学生の文学への接し方を誤らせることにはならないか」

という疑問を持つ人も出てくるわけです。

私は、①や②についてお答えした時には申しあげましたが、文学教育の意義も方法も、多様であってかまわないと思っています。したがって、文学教育の対象を、「正解がありうる部分」だけに絞る必要はないという立場です。ただし、

「どういう問いなら原理的に答えが出せて、どういう問いなら出せないのか」

「『正解がありうる部分』を問題にしていくことで、何が明らかになるのか」

「『正解がありうる部分』を中心に授業をしていくことの、メリットとデメリットはどこにあるのか」

――これらについて、文学教育に従事する人間は、明確に意識する必要があるとは思っています。

続いて④です。

竹谷さんのような理系の研究者は、「正解がありうる部分」以外も含みもつような分野は、学問とはいえないのではないか、とお考えになるかもしれません。

私も、文学研究や国語教育には、芸術や道徳とは違うが、純然たる学とは言いがたい部分があることを一面では認めます。②についてお答えした時にもお話ししたとおり、文学教育には「術」を教えるような側面もあります。実用的な言語運用能力の習得、というのも、「学」というより「術」のトレーニングです。

ただし、文学研究にも、単純な正解は出せないが、やはり「学」と呼ぶしかない性質もあります。

たとえば、第二次産業革命の頃、イギリスでは製鉄業が飛躍的に発展しました。しかし、イギリスの製鉄業を大きく発展させたのと同じ技術が、イギリスよりも早くドイツで開発されていたのだそうです。その技術を使って製鉄所を運営する社会システムが、ドイツにはなかったので、技術そのものでは劣っていたイギリスに先を越されたわけです。

このことは、技術の発展、普及といった問題であっても、科学の内部だけでは検証しきれないことをしめしています。そしてこのような、製鉄技術という特定の分野と、社会システム全体の動きを見る必要のある事例には、歴史学や文学研究の方法が有効です。

文学研究が行なうのは、あるテクストを解釈したり、作家の像を明らかにしたりするだけではありません。夏目漱石の小説のどこがすぐれているか、だけではなく、夏目漱石の文名がここまで上がるのには、いかなる社会的要因が関与したか、も問題にするのです。

理系の学問は、一つのパラダイムの中で、もっとも普遍性がある説は何か、を競います。これに対し人文学は、一つの分野のパラダイムの変化を、社会全体の変化とかかわらせながら観察していきます。このような人文学のあり方は、自然科学とは様相を異にするとは言え、やはり「学」と呼びうると考えます。

最後に⑤です。

シンポジウムで、パネリストの山本さんがおっしゃっていた、

「論説文は、読解力のトレーニングとしては、構造が単純すぎる。文学教材を読みとくことで、相手の真意を察知したりする能力が身につく」

というのは、一理あるご意見だと思います。小説や詩の読解を通して、相手が暗黙の裡に匂わせている意図を読む力を、向上させられるのはたしかです。

文学教育を受けることの、もっと直接的な効用もあります。竹谷さんはしばしば海外に行かれるようなので、ご存じだと思いますが、欧米のエリートは会食の際に、仕事の話も政治の話もしません。そういう場合に口にされるのは、もっぱら文学や芸術の話です。だからと言って、いい加減に会話をしていればいいわけではありません。お互いの教養レベルや人間力を、そうした会話を通して測りあっているのです。そこでのやりとりについていけなかったり、くだらない話題しか提供できなかったりしたら、仕事の話をする時に舐められます。

私の知りあいに、国際的大企業の重役だった人がいます。その人は、

「欧米人と会食の時、文学や芸術の話題を持ちあわせていることの重要さに、日本人は無自覚すぎる」

と言っていました。

ということはおそらく、国際的に活躍しているビジネスマンや科学者にアンケートをとったら、

「大学で、文学や芸術の教養をつけさせることは絶対に必要だ」

という結果が上がってくると思われます。そういうデータを積極的に活用して、大学で文学教育を行なう必要性を訴えていくことは、たいへん重要だと私も認識しています。

現在、もっともさかんに活動している人文系の研究者は、八〇年代半ばから九〇年代初頭にかけて、大学や大学院にいた世代です。その時期には、ポストモダニズム思想が流行していました。ポストモダニズム批評を代表する論客の一人に、ジャック・デリダという人がいました。彼は、脱構築という思考の方法を提唱しました。これは、絶対的に真理と思われている理論体系の中に、意味の曖昧な部分を見いだすことで、その理論体系の限界を指摘するというものです。

脱構築は、ドグマティックな左翼思想や、中央集権的な政治システムを批判するには有効でした。しかし、脱構築が流行の方法であった時代に青春を過ごした人文研究者には、いまだに、あらゆる対象について脱構築を適用する傾向があります。すなわち、他人が言った断定的なテーゼはぐらかそうとするいっぽう、自分が何かを断言するのは嫌がります。

このような態度では、昨今の人文学叩き（この不景気なご時勢に、不要不急の学問は必要ない）には対抗できません。存在意義が曖昧な学問は切る、と言われているのに、自分たちの学問がなぜ必要なのか、明言しないわけですから。

脱構築のような方法が、たしかに有効な局面もあるとは思います。しかし、文学教育の必要性を訴えていく時には、明確なデータに基づき、「何の役に立つのか」を主張していくことは欠かせません（場合によっては、文学や言語表現法の単位を取ったかどうかと、就職内定率の相関関係をデータ化する必要もあるでしょう）。

文学には、直接役に立たないから役に立つ、という部分もあります。そのことは、②についてお答えした部分で申しあげたとおりです。しかし、社会に向って文学教育の必要性を訴えていく場面では、プラクティカルに「役に立つ」ということを言っていかなくてはなりません。

竹谷さんの提言のおかげで、根本的なところまでさかのぼって、文学教育と国語教育について考えなおすことができました。心からお礼を申しあげます。これからも竹谷さんとはぜひ、対話を続けていきたいと思っています。特に、最後に言及した「指標づくり」に関しては、文系の人間には発想できないようなアイデアを、提供していただけるのではないかと期待しています。

助川さんに応える　竹谷 篤

助川さんから私の提言に対する応えがあったので、それに対しての応えです。番号は助川さんが挙げられているものと同じです。

① 大学の理系コースでもとくに、言語運用能力、具体的にいえば、実験のレポートを書いたり、プレゼンを行ったりすることに関して、系統的に訓練しているわけではありません。どちらかというとレポートを課されたので、書いているということで、私個人の経験では、その書き方は試行錯誤の手探りで進めていました。プレゼンに関しても同じで、研究室での発表や学会での発表の際に先生や先輩からいろいろ指摘をうけつつ改善していました。元々もっている知力が日本の学生がアメリカの学生にくらべて劣るというようには見えませんから、日本の学生がドキュメント書き、プレゼン能力で劣っているのはただ単に、その能力に関して系統だった訓練をつんでこなかっただけだと思っています。これを訓練するための授業なり演習が必要です。そのための指導する教師が文系か理系かというのは問題ではないと思っています。実用的なものが必要だということで、助川さんは日本文学分野外からの協働も必要だといわれていますが、まず、言語運用能力とはどういうものか、それを伸ばすにはどんな訓練が必要なのか、どう教えるかとい

うようなことを議論する必要があります。それが得意なのは、言葉を研究している方々ではないでしょうか？

② 哲学などの抽象的な思想体系をパターンとして教えることを助川さんは提唱されています。パターンはいくら覚えてもパターンで、その先にすすめません。過去に指導していた学生さんが「大学受験はパターンの記憶でなんとか乗り切った。大学では応用を学びたかった」と言っていました。私は大学受験の際に、物理は公式が少なく、数個くらい覚えるだけで、あとは論理展開でなんとでも問題がとけるところが楽で好きでした。物理を専門に選んだ理由は、そういう学問のシンプルさに惹かれたところもあります。物理の研究者は当然ながらそういう人が多いようです。それは私の最初の文で述べているように、物理が日常生活から離れたところに存在していて、それを理解するということは、自分が直接感じられない現象を、抽象的にとらえることだからです。常に抽象的な思考が必要です。それができないとなると物理の研究はできません。パターンをある数だけ学ぶことによって、抽象思考が訓練できるようになればよいかと思います。パターンによる訓練だと、国語教育ではなく、数学や物理でかまわないのではないでしょうか？

③ 文学教育が多様であるべきだという点には賛成します。論理的思考というのは、前提から始まって、展開があって、結論がでるものです。前提をからきちんと議論していないと結果はずれてしまいます。そこまで議論ができるような文学教育であれば、正解が一つである必要はありません。これは④にも関わることです。物理の研究においては、なにがわかっていて、なにがわかっていないかを理解することがものすごく重要です。ソクラテスの「無知の知」です。例えば古典力学の世界では、一九世紀末にはほとんどのことが理解できていました。その先に速度を光速に近づけたらどうなるか、うんと小さな領域ではどうなるかというようなことに関して、実験を行った結果、古典理学では説明できない現象が観測されました。

光速度の測定や黒体輻射の実験から相対論、量子力学が生まれました。もとの古典力学から大きくひろがった体系で、古典力学はそのうちのある特殊な条件で成り立つ近似解と捉えられています。物理の研究の歴史をみてみると、正解が存在するとおもっていたけど、直接には存在しなくて、別の答えがみつかり、その方向へ物理が展開することもあります。研究者の考え方としては「正解があればいいなぁ」なのです。人によってどの程度思いこんでいるかはちがいます。

⑤　研究者同士の食事の際に話すことは、研究の話もありますが、そうでないことも多いです。日本の歴史について説明することもよくあります。大学ではそのような講義はうけていませんが、高校までの教育とそのあと自分で読んだ本からの知識です。

助川さんが提唱された人文教育の有効性に関して、データをとり、客観的に評価を行えば、それが必要であることを説得するのは簡単だと思います。少なくとも理系の人間については、データの解釈について異論はでてきますが、そこでどのような結論がでるかについては、前提を説明すれば、明らかなこととなります。これは人文教育に攻撃をしかけている自然科学分野の研究者には有効な反論方法です。理系には反論もデータをそえて、論理的な結論をしめせば、かなりのところまで説得できます。

文学的問題と物理的問題——竹谷篤さんと助川幸逸郎さんとの応答として——　相沢毅彦

現役の物理学者である竹谷篤さんと気鋭の文学研究者である助川幸逸郎さんとが、大きく分野の垣根を越えて、このような意見交換する企画自体が画期的であり、大きな意義があると考えていることを始めに明示しておきたいと思います。そして、そうした優れたやりとりに対し、日本文学協会国語教育部会で勉強させてもらっている（まさにそこに所属していることが、この場に呼んでいただけた大きな理由の一つでした）一介の国語教師でしかない私がこのような形で応答する機会を与えられたことに対し、本当に感謝しております。その上で私なりに感じたことを、あるいはより発展的、建設的な方向に進むと考える事柄について、これから述べていけたらと思います。

私が竹谷さんと助川さんとのやりとりを拝読し、まず思ったのは、お二人と私との考えようとしているフェーズ（位相）が随分と違うのではないか、ということでした。すなわち、竹谷さんが提出しているのは「抽象思考を、文学を用いた国語教育で訓練できるか」といったことや「論理的思考」といったことがテーマでしたが、私としてはこのシンポジウムで検討されるべき文学教育の主たる可能性（というのも、ここでのテーマはもともと「可能性としての文学教育」でしたので）を「抽象的思考」や「論理的思考」のみと捉えていませんでした。正直に言うと、私たちの対話がより有効なのは、それとはまた違った「場所」ではないかということです。

私が竹谷さんの最初のご論を読ませていただき一番違和感を覚えたのは「物理学では前提が同じであれば、同じ物理的イメージに達することができます。」という命題でした。それというのも、各人は自己の認識のフィルターを通して事物を知覚していると私は考えていますが、そう考えるならば、私たちは素朴に「同じイメージに達する」と言うことはできず、「同じ物理的イメージに達すること」ができているように思われたとしても、実際の頭の中では「違ったものが現象している」と一旦は捉えられなければならないと考えているからです。そのため無前提で「同じイメージに達している」と果たして言えるのかどうかという問題がまず頭に思い浮かびました。

ではなぜここで、あるいは日常的にでもそうですが「同じイメージに達すること」ができているかのように主張され得るのかと考えると、この場合それは「『言語ゲーム』を共有している」ということと「同じイメージに達すること」とを同義として捉えられているからではないかと推測しました。竹谷さんは『物理』という言語」でものを考えている」と述べていますが、どんな言語であれ（物理、数学、英語、日本語等）、「ゲーム」のルール（規則）を共有し、「間違い」なく「ゲーム」が遂行されていると感じられるならば互いに「通じている」と感じ、「同じものを見ている」ように思えるのかもしれません。

しかし、だからといって私たち一人一人が思い浮かべている実際の「心象イメージ」までもが同じかと言えば、それぞれそれまでの言語経験がみな違うわけですから原理的にすべて違っているわけです。チェスを互いに指すことができ、その世界について語ることができたからといって、指し手のチェスについての「世界観」が同一であるとは言えないかと思います。むしろ、誰ひとり全く同一のものはないでしょう。

そう考えるならば、文学作品のイメージであれ、物理モデルのイメージであれ同じような問題を抱えているように私には思えます。同じ「りんご」という言語記号を見ても、誰ひとり同じ「りんご」をイメージしていないように、たとえ同じ見解を示していたとしても、その各人のイメージは異なってしまうという問題です。

また次のようなところにも疑問を持ちました。竹谷さんは「人間の存在にあいまいというか、白黒つけられない、複数の真実が存在しているところから、同じ前提・仮定から出発しても得られる結果は一意的でなくなります。たとえば、ある時点での主人公の心情はどうであったかなんていうことはたくさんの解釈が存在しえます。歴史の解釈においても複数のものがあります。ここが物理学との違いだと考えられます。」と述べていますが、こうした問題は、何も文学に限ったことではなく実際には物理学にも存在するのではないかということです。もちろん文学と物理学はその性質を異にしますから問題の「現れ方」は違うかと思います。また「同じ前提・仮定」をどこに置くのかといった線引きで見解が分かれる可能性もあるかもしれません。しかし、少なくとも私の推測では「同じ前提・仮定」から出発したとしても物理学においても必ずしも「得られる結果は一意」ではないのではないか、ということです。

例えば、多少大きな話になりますが、大本では同じ「前提」から出発しているはずの理論物理学者の「世界」についての「解釈」が、時代（時間）や空間や個人によって多種多様なのは何故なのかといった問題があります。あるいはそれは「世界」を「素粒子」（世の中で一番小さなもの）と言い換えても通用するかもしれません。また、技術革新と共に、いつまで経っても、恐らく永遠に究極的な「解釈」などに辿りつけないだろうことも予想されます[注1]。

それは論理的だからだとか非論理的だからといった問題だけではなく、また英語や日本語のような「自然言語」に曖昧さが含まれているからといった理由だけではなく、原理的にゲーデルが「不完全性定理（incompleteness theorem）」で示したように「数理論理」においてもその限界が存在するのであり、パラドックスやアポリアは（少なくとも今のところ）避けられないことのように思われます。

また例えば、私は専門外なので少し古い例になってしまうかもしれませんが、「不確定性原理（uncertainty principle）」で述べられたように、物理学においても「確率」でしか語れない領域があるのであって（アインシュタインが述べたように確かに「神はサイコロを振らない」のかもしれませんが、「人」は知ることができないわけです）、「世界」はそれ程シンプルではなく、むしろ「一意」に決められない「世界」やパラドックスや不可解なもの（例えば現在においては「ダークエネルギー」や「ダークマター」など「見えない」ものであるにもかかわらず存在すると考えられているものや「自発的対称性の破れ」など任意によって決定されるもの等）をも常に孕んでおり、明快さや実証性だけではなく、そうしたものにも物理学の魅力や深みが含まれているように思われます[注2]。

そのように考えると、「白黒つけられない、複数の真実」や「曖昧さ」は物理学の分野にも存在していると考えられるのであり、むしろ問われなければならないのは「文学は曖昧さを含み、物理学や数学は一意的な結果が得られる」といった「古典」的な枠組みだけで思考するのではなく、ただ文学と物理学は性質を異にすることは確かなのですから、文学と物理学における「世界」の把握の決定不可能性の違い、真理への到達不可能性の違いとはどこにあるのか（物理学の分野においても究極的な真理には未だ到達していないと思われます）を比較検討することの方が私にとっては重要であると思われますし、ここではよりアクチュアルな問題であるように思われます。

もっとも、竹谷さんが指摘するような抽象的思考、論理的思考、ドキュメントを書く能力を伸ばすといったことももちろん軽視されてはいけないと考えています。それらは文学を読み、記述するためにも必須な能力であり、また単に生きていくことについて考えたとしても、そうした力が鍛えられることは好ましいと考えています。しかし、こうしたテーマは主として「言語技術」における分野でも既に議論されているものでもあり[注3]、この場でそれらの位相について論じ合ったとしても、現役の物理学者である竹谷さんと応答する意義が十分に果たされないのではないかということです。むしろ、例えばここでは竹谷さんの専門分野における「正解到達不可能性」やあるいは「正解」に辿りつく際に纏わり付く困難性、あるいはそれらを乗り越える際の発想の転換やそのプロセス等について、私のような物理学の素人にもわかるような形で提示していただくといったことの方がより有効ではないかと思われました。

また、そうした力を養うといった視野だけでは、ここでテーマになっている「文学」について考えていくには不足しているようにも思えました。例えば、文学研究者の田中実さんは次のように科学と文学との違いを述べています。

「科学はどのように（How）宇宙や人類が誕生し、変容してきたか、その経緯を直接的に答えることができる。だが、何故（Why）人類に言語が発生し、何故（Why）人は生まれ、何故（Why）生きているのか、これに答えることはできない。そこには宗教や哲学とともに、文学の存在意義（レーゾンデートル）そのものが隠されている。まさしく合理や論理の及ばぬ不合理の領域、あるいは不条理のなか、漱石の創作はこの何故（Why）に答えるべく登場したのであり、これは鷗外が啓示（覚悟）を要求したのと同様である。」[注4]

文学には先に述べたように確かに論理的思考等も必要だと思いますが、「合理や論理の及ばぬ不合理の領域」も含まれるのであり、むしろそこにこそ「存在意義」が「隠されている」のであって、その領域を積極的に読んでいこうとすることが必要であるように思います。

現に私たちの人生においては、「何故、生きているのか」といった問題にいくその手前においてでさえ、例えば（卑近な例になってしまいますが）「愛しつつ憎む」「物理的時間と生物的時間の並存」「啓蒙することがそのまま野蛮に繋がる」といった矛盾した現象が同時に存在することも、もう一方であり得ているのであり、そうした論理的には排除されてしまうような重層性を持った事柄までをも含めて考えていこうとすることが、この「世界」について考える上で非常に重要なことだと私は考えています。

ただ、二〇世紀に入って（あるいは二〇世紀以前からかもしれませんが）、すなわち少なくとも「科学万能」の時代から「科学はある一つの見方でしかない」といった認識に多くの人びとがパラダイムチェンジした時代を経たことによって、物理学においてもこうした種類の矛盾や辻褄の合わない現象自体をどう扱うかといった問題も（物理学者の意図とは別に）生起せざるを得なかったのではないかと推測されますが、そうした問題はこれまでの物理学ではどのように「対処」されてきたのか、といったことをお聞きしてみたい気がしました。すなわち、そうした問題はやはり引き続き「捨象」されてしまうのか、メインではないが一部の研究者が検討を加える動き等があるのか、あるいは他の分野へと「移管」されてしまうのか。

あるいはまた、ニュートンが数学や物理学を革新的に進めた一方で、「引力の原因」や「生命力の原因」（すなわち「Ｗｈｙ」の問題）をもまた希求したように（もっともニュートンといえども、その時点でもはや「物理学」ではなくなってしまっているのかもしれませんが）、数学や物理の偉大な発見、発展をもたらしたニュートンが、そうした問題をも希求せざるを得なかったこと自体、問題化される必要があるように思われます。すなわち、そのことによってニュートンは「Ｈｏｗ」の問題を問うだけではなく、同時に「Ｗｈｙ」の問題をも問わざるを得なかったということが示されているかと思いますが、それは何もニュートンだけではなく、「神の心が知りたい」と言ったアインシュタインもそうだったように私には思われます。すなわち「Ｈｏｗ」の問題を徹底的に考えたいと思うような人物にとって、もう一方で「Ｗｈｙ」の問題も問いたくなる、問わなければならないと考えさせるような「自然」な（と私には思われるのですが）「欲求」のようなものが私たちのなかには存在しているのではないかということです。

よって、竹谷さんと助川さんとの応答の中でそれぞれの学問分野の存在意義（特に文学教育の意義）について話題が出ていましたが、それは次のように考えられるのではないかと思っています。一般的に、文学と物理学は対極的な学問と考えられているかもしれませんが、実際には「世界とは何か」（＝「その中に含まれる「私」とは何か」）と問うことを追究しようとする学問的営為のその総体の中で、「Ｈｏｗ」の側面からと「Ｗｈｙ」の側面から考えるという互いにその一部として存在する行為、ないしは相補完的な行為ではないかということです。

それはおそらく物理や文学に限ったことではなく、それぞれの学問がそれぞれの学問的側面から「世界とは何か」と問い、それらについての「現時点でのベストの解釈」を導き出そうとする行為であるように思われ、そのため個々の学問が「必要かどうか」という問題よりは、この世界についてのそれら学問的営みにおける総体的な深みこそが大切のような気がします。

しかし、現実問題、助川さんが指摘するような「存在意義が曖昧な学問は切る」と言われてしまうといった状況の中で、その必要性を訴えるとすれば、それは「役に立つ」ことではなく（助川さんの「戦略的意図」は十分理解しているつもりですが、助川さんが述べられているような「役に立つ」ことにのみ価値があるとすると文学における最も重要なものが抜け落ちてしまう気がします）、文学的側面における「世界」についての問いの有効性（切実さ）や特色及びその「深み」を示すことではないかと思っています。

話を少し戻すと、繰り返しになりますが、この本に収められている拙論でやや詳しく述べたように、私たちは言語を通して事物を認識し、すなわち自己の認識のフィルターを通して事物を見ているのですから「物自体」は見ることができないと考えることができます。よって、そこに人が「真理」に到達できない「不可能性」や、自己に映った事物は全て「虚偽」でしかないといった帰結がもたらされると考えています。しかし、そうだとすると、これは助川さんの応答に対応した問題になるかと思いますが、助川さんが主張されるような「正解がありうる部分」とそれ以外の部分（「正解がありえない部分」）とを文学教育において分けるとする考えと矛盾することになります。一方で私は「読みは全て『虚偽』であり、よって『正解は存在しない』」し、『到達不可能』でもある」と主張し、もう一方で助川さんは「『正解がありうる部分』と『ありえない部分』が存在する」と主張しているわけですから。もちろん、助川さんが主張されようとしていることもよくわかっているつもりです。むしろ、現在のところ助川さんのような捉え方の方が文学研究、文学教育内では一般的で常識的な見解であるように思われます。そのため、ともすると私たちが見えている世界はすべて「虚偽」と主張することは一見奇妙なことのように聞こえるかもしれません。しかし、そうした考えは私にとっては奇妙でも何でもなく、むしろそう把握することが非常に重要であるとさえ考えています。

私と「『正解がありうる部分』を想定する人」との考え方の違いは、幾つかあるかもしれませんが、まず一番大きい問題として世界観認識の違いがあげられるかと思います。世界観認識の違いによって世界の捉え方が大きく違ってくるという問題についても本書所収の拙論で述べたつもりなので、詳しくはそちらの方を参照してもらえればと思います。あるいは、その他の可能性として考えられるのは、前述した「言語ゲーム」をどう捉えるか、という問題ではないかと考えました。つまり、「『正解がありうる部分』を想定する人」は解釈共同体の「前提」を「共有」し、ゲームが成立すれば（例えば「コミュニケーション可能」であれば）、それを「正解」とするという捉え方であるような気がします。

ただ、そこで注意しなければならないのは、助川さんが主張されるような「『ここの叙述は、〈人格化されていない語り手〉の視点からのものなのか、それとも特定の作中人物に、語り手が同化しているのか』という問いには、唯一の正解がありえます。」（傍点相沢）と言った時の「唯一の正解」とは飽くまでも「恣意的な約束事」、すなわち「虚偽」の中におけるその解釈共同体の「約束事」としての「正解」ではないかということです。つまり、その「正解」がどんなに確固としたものに「見えた」としても、それは「真理」ではないということです。ソシュールが述べたように言語記号とは、記号表現の区分けにおいても、記号内容の区分けにおいても、また記号表現と記号内容の結びつきにおいても恣意的なもの、すなわち解釈共同体における「約束事」であって、ゲームのルール上における「正解」でしかないわけです。

もちろん、言語ゲームが成立すれば、言語における「真理」など考える必要はない等の主張がなされ得ることは知っていますし、またプラトンのように言語においてイデアのようなものを想定する思考様式自体が間違っている、というような反駁がなされていることも承知しているつもりです。

しかし、私はそのような立場を採りませんし、むしろ文学とは言語ゲームの習得に留まらず、「合理や論理の及ばぬ不合理の領域」、あるいは「語り得ぬもの」の領域をも含めて読まれることにこそ意義があり、また私たちの行為が「人為」である以上、真理には到達できないが、それに少しでも近づいていこうという「運動」にこそ読みの価値や意味があると考えています。もちろん、それを実践するにはかなりの困難を伴うだろうことは予想されます。なぜなら、「合理や論理の及ばぬ不合理の領域」のものを（文学も学問領域である以上、あるいは教育として扱う以上）、根拠立てて、論理的に、あるいは説得力のある形で語る必要があり、少なくともそれらの「領域」のものを「言語化」しなければならないというアクロバティックな行為が求められるだろうからです。

私は最初お二人と問題にしようとしていることの位相が違うのかもしれないという指摘をし、それについてここまで述べてきましたが、ただ竹谷さんの二番目の文章「助川さんに応える」を拝読して、重なる部分もあるかもしれないということも感じました。というのも一番目の文章では、文学というのは「同じ前提・仮定から出発しても得られる結果は一意的ではなくなります」と文学における「一意性」の否定が指摘される一方、「物理学では前提が同じであれば、同じ物理的イメージに達することができ」、「同じ実験を行えば、えられる結果は実験誤差の範囲で同じになります」と「同じ」であることが強調されていた事柄[注5]が二番目の文章では次のように変化しているからです。

古典力学はそのうちのある特殊な条件で成り立つ近似解と捉えられています。物理の研究の歴史をみてみると、正解が存在するとおもっていたけど、直接には存在しなくて、別の答えがみつかり、その方向へ物理が展開することもあります。研究者の考え方としては「正解があればいいなぁ」なのです。人によってどの程度思いこんでいるかはちがいます。

すなわち、古典力学も「近似解」であり、また「正解」についての認識も「あればいいなぁ」といった「正解到達」についての懐疑的な指摘も見られます。このように古典力学とは相対性理論も量子力学をも考慮した世界でないニュートン的な「絶対空間・絶対時間」という「架空」の前提条件（実際には宇宙自体が高速で膨張し続けていますから、地球上の時間や空間も歪んでいると考えられます）の上で成り立っていることから、そういった意味でも「近似解」でしかおそらくあり得ないわけです。

つまりそのことは、わかりやすい例で言えば、次のようなことをも意味していることになると思われます。大学入試センター試験の国語の解答に疑問が投げかけられることはよくありますが、しかし物理においても、竹谷さんが指摘したように、それは飽くまでも理想的条件における「近似解」であって、厳密に考えるとそれらは「真理」ではないということになるかと思います。センター試験は選択式ですから「最も適当なものを選べ」、あるいは「誤差は無視し得る」といった「特殊」な条件（ゲームのルール）のもとで成立する形式であって、「近似解」である以上、物理という科目においてもそれは真理ではないということになります。

むしろ、測定機が精密になればなるほどその観察対象における現象の差異性が確認できるはずであり、すべては再現不可能で、一回性の行為ということに理念上はなるのではないかと思います。もっとも、ここで私はそのようなポストモダン的な主張のみを行いたい<u>い</u>わけではなく、考えなければならないのはそうした問題を経た上でのその先の問題だと思っています。すなわち、それにもかかわらずなぜ「誤差」を「無視し得る」と捉えることが「人」には可能であり、一般化、普遍化、抽象化、法則化、単純化等をすることができるのか、ということです。すなわち、前述したように現実から導き出された現象の値は厳密に考えればみな異なり「一回性」等と考えられますが、「単純」で「美しい」と感じる式をそこから還元しようとするのはなぜなのかという問題です。例えば「$F = ma$」においても「$E = mc^2$」においても、現実の現象において、ぴったりその値になることはおそらく無いでしょう（あったとしたら、単にその測定機の精度が低いということになります）。にもかかわらず、実際にはそれらを「同じ」ものとして捉え、その現実の〈向こう〉側に《理想的な「解」》を想定し、「普遍性」を見出しているということになるかと思います。

　そして、やや急ぎ足で述べるならば、文学研究や文学教育においても、一回一回の読みは恣意的でみなばらばらで究極的な読みには到達することができないけれども、そのような《絶対性》をその〈向こう〉側に措定し、読みを追究していくことが、大切なことだと考えています。喩えて言うなら、「世界」における物理法則の中に「神の心」（《絶対性》）を見出そうとしたアインシュタインのように、文学においても「作品の心」といった、ある種の《絶対性》に向かって（もっとも、そこには原理的に到達不可能と考えていますが）読みを進めていくことが「対象の世界」を知り、「自己」を知り、最終的には文学作品を読むことの意義へと繋がっていくのではないかと私は考えています。

　そのため、国語教育における、論文リテラシーや「役に立つ」かどうかといった問題だけではなく、こうした点についても竹谷さんや助川さんと、今後とも発展的なやりとりができればと私としては考えています。

【注1】 例えば宇宙は「ビックバン」によって始まったとされる宇宙観が現在証明されていることになっていますが、「では、そもそもビックバンを起こすようなエネルギーはどこから来たのか」と問えば、さらなる問いへと発展し、それらは永遠に「無限後退」していくように思われます。究極的な答えに果たして辿りつくことはできるのかが問題だと思っています。

【注2】 「いつかそれらの問題は解決するだろう」と常に言われ、また実際に解決してきてもいますが、その瞬間にまた新たな問題も発生しているように思われます。そして、解決したと思われた瞬間新たな問題が発生するといった「追いかけっこ」やパラドックスは他の学問分野にも見られます。また、少なくとも量子力学の分野において、先に指摘したような白黒つけられない現象が多々指摘されているように思われます。

【注3】 私の知る限りでも“show and tell”は既に現場に導入、実践されているようです。もっとも、その成果についてはまだ確認できる段階にはないと思われます。ただ、「成果」について述べる際、教育的「成果」とは何かといったことも問われることになるかと思います。

【注4】 「小説は何故（Ｗｈｙ）に応答する――日本近代文学研究復権の試み――」（『これからの文学研究と思想の地平』、松澤和宏、田中実・編、二〇〇七年七月、右文書院）。

【注5】 もっとも、「実験誤差の範囲で」と断ってあるので一番目の文章でも全く同じだとは述べられていないことに着目すべきかもしれません。すなわち、文学は「一意」ではないと否定

した後、しかし物理学は「一意」だと対照的に言いきれない何かがあるのではないかということです。ただここで「同じ」ことが強調されていたことは確認できるかと思います。

美術教育とリテラシー

水野僚子

一、はじめに

『美術』というと、どのような作品を思い出すか?」。大学において美術史の講義を行う際、私はいつもこのような問いから始めることにしている。学生から決まって返ってくるのが、ゴッホやモネ、ピカソといった答えである。そこで次に「では、日本美術ではどうか?」と尋ねると、多くの場合「浮世絵」や「水墨画」といった答えが返ってくる。これは毎年繰り返される応酬であり、時折、日本美術を愛好する学生が参加していると多少変化があるとはいえ、余程のことがない限り、大幅に変わることはない。

確かに、ゴッホやモネ、ピカソは一般にも知られる著名な画家であり、また「浮世絵」や「水墨画」も日本美術の中で、一つのジャンルを形成している。しかし、なぜ「美術」というとすぐに西洋の画家の名が挙がり、その一方で日本や東洋に関しては、ジャンル名が挙がるのであろうか。しかも西洋美術では作品名まで挙げることができる学生が多いのに対し――例えば、ゴッホの《ひまわり》、モネの《睡蓮》、ピカソの《ゲルニカ》など――、日本美術や東洋美術となると、作者名はもちろん、作品名すら思いつかないのが現状といえる。

なぜ学生たちは、特定の芸術家に対して親しみをもつ一方で、自国の文化圏に存在する日本美術や東洋の美術をよく知らない（あるいは関心がない）のであろうか。確かにゴッホやモネなどは、展覧会やテレビでも頻繁に取り上げられていることから、自然と記憶に留められている可能性はあるだろう。だが、そうであっても日本人の印象派好きは比類ない。欧米の美術館を訪れると、大概日本人を見るのは印象派の絵画が展示されている近代絵画の部屋であり、欧米人が集まるルネサンスや中世美術の部屋ではないのである。このような傾向も、学生達の反応と少なからず関連があると思われる。

問題なのは、西洋美術にしろ、日本美術にしろ、なぜ特定の芸術家やジャンルの作品が、しかも年代を問わず思い浮かべられる傾向にあるのかということである。例えば、イタリア・ルネサンスを代表するレオナルド・ダ・ヴィンチは、世界的に有名な芸術家であり、彼の《モナリザ》と一般に呼ばれる絵画は、美術に関心のない人でも周知の作品であろう。それにも拘わらず、その名が学生の回答としてすぐに挙がらないのはなぜなのであろうか。ここには、単なる嗜好の問題ではなく、日本人の美術観や芸術観、あるいはある種の偏見やステレオタイプが深く関わっていると考えられる。

これらの疑問を解き明かすためには、子供から大人へと成長する過程で、「美術」をどのように見ているのか（あるいは見せられているのか）を、探ることが重要であろう。そこで本稿では、美術観がどのように養われ、形成されているのかを知るために、特に教科書に注目したい。学齢にあたる小学校から高等学校の教育における、美術の図版引用のあり方を探り、問題点を指摘するとともに、リテラシーの重要性について検討したい。また様々な場面で提示される美術の図版を「表象」として、つまりそこには意味があり、私達にあるメッセージを語りかけてくるものとして読み解き、その社会的機能を考えたい。

これらの問題を美術史の立場から問うこと、そこには美術史に携わってきた者としての自省も込めている。

なぜなら、美術史という学問こそが、アートや文化を区別し階層化してきた「制度」そのものであり、自身を含め多くの美術史研究者は（無論そうでない人もいるが）、様々な視覚的イメージが溢れる社会に生きているにも拘わらず、「ハイ・アート」は扱っても、「サブ・カルチャー」や「カウンター・カルチャー」に区分されるものには、無関心を装ってきたからである[注1]。「美術」を特権化してきたその結果として、日本の学校教育に「美術」という単元がありながら、イメージのリテラシー教育は行われていない。「美術史」が、イメージを手がかりに、人間の営みとしての歴史を探る学問であると考えるからこそ、現在行き場をなくしつつあるイメージのリテラシーに関しても、改めて今ここで、美術史の立場から問い直しを行いたい。

二、歴史教科書と国語教科書にみる美術の図版引用

近年の教育現場では、ビジュアルイメージを多用した「わかりやすく、親しみやすい」教育が目指されている。従って、現在の教科書のほぼ全てがカラーで印刷され、色鮮やかな図版が散りばめられている。このような傾向が、義務教育に限らず、高等学校で使用される教科書、資料集等の参考書、また辞書類にも等しく見られるものであることは、現在の教育を考える際に、極めて重要である。

美術が図版として使用されている教科書は、主に美術、そして歴史や国語（古典を含む）が挙げられよう。また、これらの教科に使用される補助教材に関しても、同様である。ところが、美術の教科書と歴史や国語のそれとでは、美術図版の用いられ方、呈示のされ方が、大きく異なっている。そこで、美術の教科書との差異を明らかにするために、まず歴史教科書と国語教科書の図版とその呈示方法に注目し、そこにどのような意味があるのか検討したい。

歴史教科書における美術の図版の用いられ方に関しては、美術史研究者が、既に数々の問題点を指摘してい

る[注2]。

第一に挙げられるのは、美術の図版が歴史的事実を説明する「挿絵」として用いられていることである。図版が非常に小さいことからも、それは明らかである。

例えば、元寇を説明する際には、決まって《蒙古襲来絵詞》の部分図が図版として呈示される。しかし、この絵巻は同時代の制作とはいえ、竹崎季長が自らの武功に対する恩賞を求めて注文制作したものであり、部分的に史実が混入していたとしても、客観的な史実を写し出した資料とはいいがたい。また、奈良時代の鑑真を取り上げる際には、鎌倉時代の絵巻物《東征伝絵》が、明治期の憲法発布の記述には、昭和に描かれた聖徳記念館の絵画が、頻繁に用いられているように、歴史的事項の年代と、絵画の制作年代との間にズレがあろうとも、それを説明する図版に用いられ、歴史記述を視覚的に表す挿絵として機能している。

このような図版の用いられ方は、歴史教科書の中に実に多く見られるものであるが、重要なのは、絵に描かれた情景や人物は、いくら克明に描かれていようとも、事実をそのまま写し出したものではないと理解することである。そして、絵画はもちろん、たとえ写真でも、それが人の手によって生み出されたものである限り、誰が、誰に向かって、いつ、何のために作ったイメージであるのかが、クリティカルな姿勢で問われるべきである[注3]。特に、人物の肖像に関しては、絵・写真を問わず、細心の注意が必要である。写し出された人物が別人である可能性はもちろん、たとえ像主名が合致していたとしても、理想化などのイメージ操作が加えられている可能性が高いからである。つまり、児童生徒に誤解を与える危険性を回避するためには、美術の図版を安易に歴史教科書に使用しないこと、使用する際はあくまでも参考資料として呈示し、さらに誤解を招かないような解説文を付すことが必要であると考える。

第二に、図版に添えられる文字や記述も、問題として挙げられる。多くの図版は、その場面が何を示したものか、像主は誰か、ということが説明文に記されるものの、その反面、図版の出典である絵画の作者や時代が明記されていないため、歴史の一場面を客観的事実として写し取った「記録画」のように呈示されている。北原恵氏が指摘するように、作者の名前や制作年などの情報は、「描き手の存在を強く意識させ、「史実」としてよりもむしろ「美術作品」として図版を眺めることへと読者を誘導する」ものであり[注4]、受け手に注意を喚起するために必要な情報であるといえる。だが、作品名すら記載されていない図版も見られることは、美術が単なる「挿絵」として扱われていることを示すのみならず、その画像が人の手による創作／フィクションであることを覆い隠し、「記録画」として見せようとする、教科書の作り手の意図を示すものといえよう。

ただし例外的に、文化史の項に挿入される図版には、作品名、作者、制作年代、所蔵者などが、記されているものが多い。つまりここでは、個々の図版を「美術作品」として別格に扱っているのであり、それは、文化史を構築するためには、「名品」の存在が必要とされたためと思われる[注5]。しかしながら、その呈示方法には、注意が必要である。

根立研介氏が指摘しているように、美術の図版は、ある時代の歴史記述を補う視覚的イメージとして呈示されることもある[注6]。例えば東大寺南大門の《金剛力士像》の図版は、鎌倉時代の文化を代表する作品として、ほぼ全ての教科書に掲載されるが、そこには、「鎌倉時代に入ると武士の世の中になり、文化も武士の気風を反映した力強いものが好まれるようになり、こうした鎌倉時代の文化のイメージを端的に示しているのが、東大寺南大門の金剛力士像である」といったレトリックが展開している。このように、美術の図版は、一面的で短絡的な歴史記述に都合よく合うイメージとしても呈示されるのであり、そこには、編著者や出版社（あるいは国家や社会）の歴史観が、少なからず反映されていると思われる。

だが、鎌倉時代を広く見通すと、武士が関東で政治的に覇権を握る一方で、京都近隣では、依然貴族たちが政治的にも文化的にも大きな力を持ち続けていた。この時代の貴族たちが、前代以来の伝統を継承した柔和な仏像を好み、京都の仏師を重用していたこともまた、無視してはならない歴史的事実なのである[注7]。ところが、《金剛力士像》の説明は、根拠が示されないまま、武士の力強いイメージと関連づけて語り続けられ[注8]、その造形は、ステレオタイプな時代観を補完し強化するものとして、呈示されている。

美術史研究において、《金剛力士像》の成立の背景に、中国の宋代美術の受容やその影響があったということが指摘されてから、既に五年以上が経過している[注9]。にも拘わらず、このような言説がいつまでも繰り返されるとすれば、美術史研究の進展を反映しないまま、あるいは無視したまま、ある歴史観に都合の良い記述が、安易になされていると言わざるをえない。

第三の問題は、美術を用いた図版のほぼ全てが、全図ではなく、トリミングを施した部分図として呈示されていることである。特に中世の絵巻を用いた挿図――例えば「武士の館」や「遣唐使の派遣」など――は、絵巻の物語や場面構成の意図とはおよそ無関係に、歴史記述に都合のよい場面のみが切り取られ呈示されている。北原氏が指摘するように、トリミングには、「描かれたイメージをあたかも客観的「事実」であり「史実」であるかのように見せる効果」があり[注10]、だからこそ部分図が多用されているのである。なお、トリミングだけでなく、現代の技術を駆使すれば、色調を変えることも[注11]、不要なイメージを消し去ることも容易である。つまり、現代においては、画面内容はもちろん、図版そのものの信憑性までも、慎重に検討することが必要なのである。

以上のように、歴史教科書に使用される図版には、見る者にあたかもそれが歴史的事実の「記録」であるかのように思わせる、様々な工夫や作為が施されている。しかし最も重要なのは、たとえ文字による説明が図版に添えられていたとしても、イメージ自体が異なる意味や価値観を生成し、それらが無意識のうちに、観る者に内面化されてしまう危険性が考えられることである[注12]。視覚的イメージが放つメッセージは、描かれた対象への賞賛であることも、また差別や偏見である場合もある。つまり、イメージを受容する際には、留意が必要なのである。

以上の特徴は、国語教科書にも見られるものである。肖像画は、作者の姿をイメージするものとして頻繁に取り入れられ、また物語の情景を表すものとして、絵巻や画帖に描かれた物語絵が数多く掲載されている。このような傾向は、特に古典の教科書や補助教材において顕著であるが、現代文の教科書にも見られるものである。

しかしながら、例えば額田王の肖像を、近代画家の安田靫彦の絵画[注13]から引用し、源氏物語の挿絵として、江戸時代の源氏絵を用いるように、絵の制作年代や内容の信憑性が不問のまま、図版に使用されていることは問題があると言わざるをえない。歴史教科書にも同じ傾向は見られるものの、その割合は国語教科書の方が圧倒的に多く、しかも引用に際して、出典の明記がほとんどなされないことも問題である[注14]。美術の図版は、創作であるにも拘わらず、国語教科書では、著者や物語のイメージとして享受されており、そのイメージはさらに一般に流布している。学齢期に教科書によって刷り込まれたこれらのイメージは、切手や書籍等の媒体に繰り返し呈示され消費されることにより、社会に定着しているのことからも明らかである[注15]。

一方、歴史教科書に見られない国語教科書の特徴は、美術図版が語彙の説明に使用されることである[注16]。しかもここでも、絵の説明は一切見られない。例えば、「普賢菩薩」という言葉が原文に登場すると、欄外に語彙説明が記され、その脇に絵画の《普賢菩薩像》の全図が小さく添えられるのみである。「蔀」に関しても同様であり、絵巻から建築を描いた部分のみをトリミングして掲載するものの、出典となった絵巻の名前も、制作年代も記されていない。美術の図版が、動物や植物、食べ物の写真と同様に扱われていることからも理解できるように、ここでは文章読解の補助として視覚イメージが用いられているのであり、出典の情報のみならず、イメージの信憑性に関しても無視されているのである。

しかしながら、近代や西洋の絵画に関しては、その扱いが異なっていることは重要である。橋本雅邦やブリューゲル、ベラスケスといった著名な画家の作品は、本文中に図版が大きく掲載され、しかも作品名、作者、所蔵者等の情報も記されている。このような差違の意味は定かではないが、一つの可能性として、作者が明確にわかるものを「美術作品」と判断し、別格に扱ったことが考えられる。ここには、偉大な芸術家こそが優品を生み出せるという、ある種の芸術家幻想が、根底に存在しているのかもしれない。

以上、歴史教科書と国語教科書を概観して明らかなように、教科書における図版が生徒に与える影響は、非常に大きいと思われる。ゆえに教育の現場において、教員はそれらを単なる挿絵として看過するのではなく、イメージの読解や解説を積極的に行うべきである。その際重要なのは、教科書に示された美術の図版は、作者や注文主、そしてそれを引用した教科書の作り手のフィルターを通して呈示された「表象」であることを認識することである。しかもその「表象」は、何らかの意図に基づき創出され、そこにはそれを作った（あるいは使った）人物や社会の価値観が擦り込まれている可能性も、十分に考慮されねばならない。生徒が、それらのイメージを、歴史事実の再現であると誤認しないようにするためには、教員が常に視覚的イメージのリテラシーを行い、同時に生徒にもリテラシーの重要性を学習させることが、必要かつ重要であると考える。

三、美術教育における美術図版の引用

次に、美術の教科書について検討したい。教科書が初めて教育に用いられる小学校から、教科書の中で美術がどのように扱われ、美術の図版がどのように呈示されているのか、検討することとする。

小学校の「図画工作」の教科書における美術図版の引用

小学校で教科としての「美術」に相当するのは、「図画工作」である。本科目の教科書を出版しているのは三社に限られ、社会や国語の教科書が五〜七社であるのに比べると、極端に少ない。なお、参照したのは、平成二三年度検定済教科書で、日本文教出版の『新版図画工作』(六冊本)、開隆堂出版の『図画工作』(六冊本)、東京書籍の『新しい図工』(三冊本)の三点である。三社の教科書は、各々個性的でバラエティ豊かな内容が盛り込まれており、冊数が六冊本と三冊本に分かれているように、各社の方針によって構成も異なっている。

小学校の教科書の大きな特徴として挙げられるのは、一頁に多数の図版が掲載され、しかも背景を切り取った写真を用いたり、写真を斜めに配置したりと、図版の呈示に規則性がなく、各頁が複雑に構成されていることである。そのため、教科書とはいえ、見ていて非常に賑やかで楽しいものとなっている。また、一般的に「美術」と称されるものの図版掲載数が、非常に少ないことも特徴である[注17]。小学校の図画工作の教科書に掲載される多くの図版は、児童の作品か、作る工程を示したものであり、これは、ものを「作る」ことや、作る楽しみを知るということに、学習の主眼がおかれているためだと思われる。例えば「芸術家になって」というテーマ頁においても、主体はあくまでも児童であり、児童の絵画が大きく取り上げられ、発想源となったレオナルドやピカソ、ゴッホ、ムンクなどの著名な作品の図版は、その隣に小さく掲載されるに留まっている。つまり、「美術」として世に名高い作品であっても、特別なものとして扱われていないのである。

また興味深いのは、美術の図版が、土偶・玩具・遊具・祭りの山車・陶芸・編み物・絵本挿絵等、様々なジャンルの造形と同時に呈示されていることである。「びじゅつかん」という言葉を用いる場合も同様であることから[注18]、様々な造形に垣根を作らず、同じ目線で扱おうとしていることが窺われる。つまり、造形を「美術」という概念に囲い込んでいないのである。香月泰男のように著名な画家の作品でも、絵画ではなく立体作品が、しかも「おもちゃ」として紹介されていることは、注目できよう。作家のイメージを固定することなく、多様な表現のあり方が呈示されているのである。さらに、作家の紹介においても、陶芸(女性)・絵本(男性)・人形(男性)・美術(男性)・写真(女性)・現代美術(男性)とジャンルもバラエティに富み、しかも男女の作家がジャンルに囚われず取り上げられている点も、重要である[注19]。

一方、「美術」として取り上げる場合も、図版の呈示方法には、ある特徴がみられる。小学校の教科書では、美術の図版が、児童の作品と同じ頁に、ほぼ同じ大きさで掲載されており、一瞥では、作り手の年齢、性別、人種、国籍など、作品の背景がわからないのである[注20]。つまり、児童と作家の作品とがさほど区別されておらず、しかもどちらかというと児童の作品が主であり、美術の図版は、その隣に参考程度に添えられていることが多い。これは日本美術の名品として知られる、《鳥獣戯画》(墨絵として紹介)や伊藤若冲の《鳥獣花木図屏風》、狩野探幽の《虎図襖絵》であっても同様である。これらの図版はみな、児童が創作の参考とするために呈示されているにすぎず、美術として紹介するために呈示されているわけではない[注21]。俵屋宗達の《風神雷神図屏風》、《山田寺仏頭》、岡本太郎の《明日の神話》、葛飾北斎の浮世絵等も同様であり、一般の美術書のように「崇高な美術」として扱われていないことが理解できる。

ところが、鑑賞法の学習、公共彫刻や美術館の紹介をテーマとする場合は、美術が多少特化されている。ただし図版を見る限り、「作品」として特別に扱おうとする姿勢は、さほど感じられない。例えば、日本文教出版の六年生用の教科書には、「表現にこめた思い」や「味わってみよう、日本の美術」という項目があるが、美術は鑑賞法を学ぶための「素材」として扱われているにすぎず、特に後者では、説明文に「調度や日用品」とあるように、日本美術は、「作品」というより、様々な形態をもつ「道具」として取り上げられている[注22]。

また、「みんなの美術館」というテーマ頁を設けた東京書籍の教科書においても、岡本太郎・オルデンバーグらの作品は、街中で身近に触れることができる楽しい彫刻として紹介され、美術館も体験型ミュージアムが取り上げられ、作品ではなくワークショップに焦点が当てられている。つまり美術は、鑑賞物というより、身近に楽しむものとして呈示されているのである。

以上のように、小学校の図画工作の教科書は、絵を描くこと、形を作ることに学習の重点を置いているために、美術も創作の具体例として、児童の作品と同等に扱われているといえる。しかも、出版社によってテーマの設定や方針が異なるため、取り上げる美術作品も重なっておらず、作家という概念に関しても、ほとんど感じられない。つまり、少学校の教科書において、美術は、児童の個性を伸ばすための「素材」として取り上げられており、美術図版は、造形や美術に対して自由な見方、考え方ができるように呈示されているのである。

中学校の「美術」教科書における美術の図版引用

中学校になると、「図画工作」という科目は無くなり、替わって「美術」という科目が登場する。そしてそれに伴うように、教科書の様相も大きく変化する。美術の図版は、中学校になると、鑑賞の対象として取り上げられるようになるのである。

中学校における美術の教科書も、三社から出版されているのみであり、他の教科に比べ極端に少ない。現在、『美術1』『美術2・3上』『美術2・3下』の三冊が学年毎に使用されているが、今回参照したのは、平成一七年に検定済、二三年に発行された、日本文教出版、開隆堂出版、光村図書の教科書である。三社の教科書の構成には、学年ごとに広く美術について学ぶものと（日本文教出版、開隆堂出版）、学年を追って美術・工芸・デザインを段階的に学ぶもの（光村図書）とに分けられるため、ここでは学年を通して教科書を概観し、美術の図版とその呈示がどのように行われているのか検討することとする。

まず三社に共通するのは、造形の全てを「作品」として位置づけようとしていることである。そのため、ほぼ全ての図版に、題名、作者名、大きさ、素材、制作年、所蔵者を記したキャプションが付けられている。このような図版の掲載方法は、生徒の創作についても例外ではなく、「生徒作品」というキャプションが添えられている。

ただし注意が必要なのは、生徒の作品には、題名や制作年が記されておらず、また写真の大きさも、著名な作家の作品に比べ、かなり小さく扱われていることである。このような特徴は、生徒の作品と美術作品とを明確に区分し、美術作品の作者を「芸術家」として差異化するとともに、美術を鑑賞の対象として捉えようとしたことに起因すると考えられる。例えば、パブロ・ピカソは二社の教科書で大きく取り上げられており、どちらも「造形の冒険者」（開隆堂）、「表現の探求者」（光村書店）という近似した表現を用い、ピカソを天才芸術家として賞賛している。このような傾向は、小学校の教科書には見られないだけに、中学の教科書の特徴として特筆できよう。

美術を鑑賞の対象として扱おうとする姿勢は、作品の特徴や見所を記した解説文や、作品を鑑賞している生徒の写真が、作品の図版と共に掲載されていることからも明らかである[注23]。小学校の教科書に比して、美術の図版数が格段に増えたにも拘わらず、大きく掲載されていることも鑑賞を意識したものといえよう。さらに、長方形の図版が整然と並べられた、すっきりとしたレイアウトによる頁構成も、「鑑賞」という行為を助けるものであり、ここにも美術を鑑賞の対象として位置づけようとする姿勢が感じられる。

また、多くの紙面を割き、日本の美術を比較的大きく取り上げていることも、三社に共通する特徴である。取り上げられているのは、伝統工芸と近代以前の古美術の二つに大別できる。

まず、伝統工芸に関しては、陶芸や漆工、染織など様々なジャンルが、古い時代から現代の作品まで幅広く取り上げられている。中には、制作過程の写真を添えて技法を紹介するものもあることから、伝統工芸は、「伝統の継承」に焦点があてられていることが窺われる。例えば光村図書の教科書には、宮大工の仕事が当事者のメッセージとともに紹介されているが、それは伝統の継承と、文化財保存の意義や重要性を伝えるためであろう。だが、日本の美術が「伝統」と結びつけて語られることには、注意も必要である。教科書には、日本の文化を「わびさび」「かぶく」「みやび」「いき」という言葉で説明するものも見られるが、そのような言葉で説明できる美術作品は限られている。このような説明は、「伝統」という名の下に日本の美術を囲い込み、単一的な美意識によって、日本文化をステレオタイプ化してしまう危険性も懸念されるからである。

一方、日本の古美術は、教科書の本編ではわずかに掲載されるに過ぎないものの、年表の中に古代から近代に至る日本美術の図版を呈示することによって、日本美術の全体像を捉えようとする傾向が見られる。年表を用いたのは、歴史の中に日本美術を位置づけると同時に、時間の流れに沿って造形の変化を捉えようとしたからだと思われる。注目できるのは、年表であっても、三社の構成が大きく異なることである。まず日本文教出版と光村書店では、日本と西洋を比較できるように呈示するものの、前者が日本美術の図版を西洋美術のそれよりも大きく扱うのに対し、後者では日本の美術と西洋の美術の図版をほぼ同じ大きさで示している。つまり、前者が日本美術を中心に捉えようとしているのに対し、後者は、西洋史の中に日本美術を位置づけようとしているのである。他方、開隆堂では、西洋と日本に加え、アジアの項目も立てていることから、周辺諸国との関係性に配慮しながら、より広い世界史の中に日本美術を位置づけようとしていることが窺われる。

重要なのは、いずれも年表を用いて、日本美術の歴史を概観しようとしていることである。年表に沿って、限られた図版を列挙する方法は、様々な地域や民族によって生み出された、多様な造形の存在を隠すものであり、直線的な時間の流れに沿って、あたかも普遍的な美が構築されたかのように見せるものである[注24]。世界史の年表の中に、日本美術を一筋の流れとして表そうとしたのは、どの時代であっても日本には美術が存在していたことを示すためであり、日本美術の図版を西洋美術の図版と並置したのは、西洋美術と同列に扱うことによって、日本美術の優秀さを誇示しようとしたからであると考えられる。このような呈示の方法は、千野香織氏が指摘したように[注25]、「縄文時代から連綿と続く『日本』という単一の実態があり、そこでは首尾一貫した「日本の美」が生み出され続けてきたのだと視覚を通じて語りかける」ものであり、「中学生の心の中に「美しい単一の日本」のイメージを創り上げる装置」として機能するものといえよう。つまり、美術の歴史を直線的な流れによって説明する年表は、単一史観の表象として機能しているのである。

このように考えると、中学校の美術の教科書は、歴史教育を補完するものといえよう。「美しい単一の日本」が実在したかのように語る歴史観やイデオロギーに関しては、特に扶桑社の歴史教科書が批判の対象とされてきた。だが、たとえ他社の歴史教科書に、同様の主張が殊に見られなかったとしても、美術という別の科目の教科書がそれを補完しているのであり、このような意味において、美術の教科書は、美術自体がそうであるように、政治的であるといえる。

日本美術を一つの流れとして捉える見方は、日本美術史の記述が大きな影響を与えていると思われる。単一の日本など存在しないにも拘わらず、日本美術史は多くの場合、奈良・京都・江戸といった、政治の中心地で育まれた美術によって、歴史を構築してきた。しかも、都で制作された作品の多くをカノン化する一方で、地方の美術や、アイヌ民族や琉球の美術を等閑視してきたといえる。また、カノン形成の過程において、様式が異なる作品を、本流から外れたものとみなし、地方作や弟子作として、その周縁に押しやってきたのである。このような視点からみると、日本文教出版の教科書が、「日本絵画の造形美」と題して、江戸時代に京都で活躍した円山応挙らの絵画の図版を、綴じ込みで大きく掲載したことも理解できる。これらの作品が選択されたのは、技術が優れていることもあろうが、何より京風の瀟洒な画風の「伝統的」絵画であり、偉大な絵師の作品であるということが、その大きな理由であったと考えられる。これらは、まさに日本美術のカノンを呈示するものとして、機能しているのである。

さて、中学の教科書において最も注目できる特徴は、「ジャポニスム」が大きく扱われていることである。ジャポニスムに関する記述は二社に見られるが、共通するのは、印象派の画家とともに語られていることである。そこでは、モネやルノワールなど印象派の画家たちが、浮世絵や日本美術への高い関心をもって作品を制作していたことが述べられると共に、彼らに影響を与えたとされる浮世絵の図版が掲載されている。また、印象派だけでなく、アールヌーボーもジャポニスムの一例として取り上げるものもある。いずれにせよ、共通しているのは、印象派やアールヌーボーの作品を「名品」として位置づけ、その一方で／だからこそ、それらに影響を与えた日本の美術を、偉大な美術として賞賛しようとする意図が感じられることである。日本の浮世絵は、印象派の作品と共に呈示されることによって、それが偉大な芸術家に認められた、紛れもない「美術」であることを保証されているのである。

以上のように、中学校の教科書では、「美術」という新しい概念を取り入れ、美術とそうでないものを区分し、美術を鑑賞の対象として特化していることが理解できる。また、それに伴い、美術の作家も、特別な才能をもつ「芸術家」として位置づけられるようになっていることも確認できる。とはいえ、中学の教科書では、彫刻・工芸・デザイン・染色・写真・映像・漫画・建築・舞台芸術等、幅広いジャンルの、様々な作品が「芸術」として取り上げられており、また、ある作家を「芸術家」として賞賛する一方で、共同制作にも関心を寄せていることは、重要である。中学の美術教育では、美術や芸術を特化しつつも、未だ芸術に対する様々な価値観が示されているといえる。

高等学校の「美術」教科書における美術の図版引用

高等学校における美術教育は、美術が選択科目となることから、希望する生徒だけが、学ぶ機会を与えられる。よって教科書も、そのような生徒を意識して作られたものと考えられる。現在使用されている美術教科書は、二社のみが出版しており、そのうち一社が二点の教科書を出版している。参照したのは、日本文教出版『高校美術』1~3（三冊本）、同『美・創造へ』『高校美術2』（二冊本）、光村図書『美術』1~3（三冊本）である。どの教科書も、基本的には中学校の傾向を引き継ぎ、さらに発展させた形をとっていることから、ここでは、高等学校の教科書に特に顕著に見られる特徴について、検討していきたい。

まず三点に共通しているのは、美術図版が中学校の教科書よりもさらに整理され、美術を「鑑賞する」というスタイルが、より一層強化されていることである。また、図版も一段と大きくなり、しかも作品の部分図も掲載されるようになる。これらは、「鑑賞」という行為が、高等学校の教科書において、さらに前景化していることを示すものであるといえる。

また、作家という個人が重視されるようになるのも、共通する特徴である。特に高学年では、作家を中心に構成する教科書も見られるようになり[注26]、その多くが、現代美術の作家で占められていることも一つの特徴といえる。しかも、手塚治虫[注27]や奈良美智など、若者に人気のある作家も取り上げられ、作家とその作品を身近に感じさせようとする工夫も見られるのである。

それに対して、「名画」「巨匠」という言葉が頻出するようになること、特にこれらの言葉で語られる作家は、近代以前の作家に集中していることも、注目できる。これらは、中学校の教科書ではあまり見られなかった単語であり、中学校で曖昧に示されていた「美術」「芸術」が、さらに篩いにかけられ、選別されたことを示している。異なる出版社の教科書に、同じ芸術家が多く取り上げられていることも、これを裏付けていよう。高等学校では、「名画」「名品」には、必ずそれを生み出した「芸術家」がおり、それは「天才」の「巨匠」であるということが、自明のように語られるようになるのである。しかもこのようなレトリックは、世界中の誰もが認める「普遍的な美」の存在が、前提となっていることは疑いない。古代芸術の始点としてラスコーの壁画が示され、その後も各時代で取り上げられる「名品」の多くが、西洋の「芸術家」によるものであることを考えると、「美」というものが、西洋中心の価値観で語られていることは明らかである。現に、中学校では取り上げられなかった、レオナルドやミケランジェロなどルネサンスの芸術家から、ジョセフ・アルバースといった現代の抽象画家まで、様々な「西洋」の「芸術家」の作品が、図版と共に大きく取り上げられているのである。

また、「芸術家」の人生が、大きくクローズアップされるようになることも、高等学校の教科書の特徴といえる。作家を取り上げる場合、その生涯や生きざまがドラマティックに語られ、図版には、その人生における代表作が選ばれている。さらに多くの場合、作家自身の写真も掲載され、作品が彼らの人物像と強く結びつけられている。つまり、作品の図版は、生徒の制作のための参考としてではなく、「偉大な芸術家」がどのように「進歩」や「発展」を遂げたのかということと示すために、呈示されるようになっているのである。

そして、偉大な芸術家に対する賞賛が、より一層強くなっていることも、大きな特徴といえる。中学校でも取り上げられていたピカソは、高等学校になると全ての教科書で取り上げられるようになり、さらに「巨匠」や「グレート・アーティスト」という言葉によって讃えられている。しかも、異なる出版社の二つの教科書が、同じ《アヴィニョンの娘たち》の図版を大きく取り上げ、さらに、その脇にアフリカの彫像の図版を小さく添えるという「見せ方」まで共通するのは、興味深い。一見、ピカソという「西洋」の「偉大な芸術家」の作品と、「非西洋世界」で作られた彫像は、影響関係を示すものとして、対等に取り上げられているように見えるが、図版の大きさやその扱い方をみても[注28]、二つの差は歴然である。ここでは、「非芸術」であったアフリカの影像が、ピカソの絵画に引用されることによって、「偉大な」「芸術」へと昇華せしめられたということが、視覚的に示されているのである。

しかしながら、芸術家が取り上げられているといっても、その多くは男性であり、女性の芸術家は極端に少ない（現代作家を除く）。しかも、取り上げられる作品は、絵画が圧倒的に多く、またいわゆる「大作」が多く取り上げられていることも、特徴的である。これらは、小・中学校の教科書には見られなかった特徴だけに、注目できる。

一方、日本の古美術に関しては、本編に個別の作品が取り上げられていることが、大きな変化といえる。さらに「琳派」のように、画派という概念で捉えようとしている点も興味深い。しかしながら、取り上げられる作品が、江戸時代の、しかも作者名が明らかである作品に限られていることは、問題といえよう。つまり、日本美術もまた、「芸術家」という、西洋由来の枠組みに当てはめて考えられていることが窺われるのである。

さらに指摘できるのは、「美術」がジャンルに区分され、しかもそれが階層化されていることである。絵画や彫刻といった「造形芸術」と、陶芸や染織などの「工芸」、そして「デザイン」を、区別しようとする傾向は、中学校でも見られるものであったが、高等学校では、それがさらに明確になされるようになる。特に、工芸やデザインの図版掲載数は、かなり減少しており、図版も小さくなっている。ここからは、絵画や彫刻を「ファイン・アート」とし、それを頂点とした美術のヒエラルキーが形成されていることが窺われる。

以上のように、高等学校の教科書で顕著なのは、「美術」「芸術」の価値を強調し、さらにそれを生み出した「偉大で」「天才的な」「巨匠」たちを、特化して語ろうとする姿勢が見られることである。それは、紛れもなく「普遍的な美」の刷り込みであり、鑑賞対象としての「美術」や「芸術」のイメージを作り上げるものである。これらの「美術」は、もはや生徒の作品と並べられることはない。つまり、高等学校に至って、「美術」「芸術」は、特権的な地位を獲得したのである。

四、「美術」教科書における図版引用の問題点とリテラシーの重要性

さて、ここまで、小学校から高等学校に至る美術教科書の展開を概観してきたが、注目できるのは、特に中学校以降の「美術」の教科書には、他の教科の教科書には見られない、共通の特徴が見られることである。

第一に、大概の美術図版は、トリミングされずに、全図で呈示されていることである。全図であるのは、「作品」として鑑賞に供するためであり、それは、作品情報を伝えるキャプションが添えられていることからも明らかである。美術の教科書が、他の科目の教科書とは異なる大判で作られ、しかも艶があり発色の良いコート紙が使用されていることも、それ自体が鑑賞という行為に深く関わっていることの証左であろう。このような体裁は、画集や展覧会カタログにも見られるものであり、鑑賞に相応しいものと考えられる。作品の部分図も鑑賞を助けるために用いられ、全図では確認できない、技法や図様の細部を示すものとして呈示されている。

第二に、全ての美術作品に、作者名が記されていることである。そのため、作品は近現代に偏り、しかも西洋の作品が大半を占めている。ここからは、「美術」とは、西洋の偉大な芸術家個人の手によって創作されるものという、固定観念が感じられる[注29]。近代以前の作品に関しても、ミケランジェロやレオナルド、レンブラント、ブリューゲルなどの著名な芸術家の作品が、その名とともに図版に登場することも、それを裏付けていよう。

このような特徴が見られるのは、そもそも美術の教科書が、作品を制作する行為／学習に結びつくように作られているからである。教科書の図版は、生徒の創作のヒントとなるべく呈示されているのであり、生徒に刺激を与え、制作意欲を高める効果が期待されている。アトリエで制作中の作家の写真が、作品の図版と共に掲

載されているのも、作家の存在感を強調するとともに、作家と作品とを強く結びつけるためであろう。作品を制作することの魅力を視覚的に伝え、生徒たちを創作へと導こうとしているのである。

しかし洋の東西を問わず、芸術作品の多くは、一人の作家の手になるものではなく、共同制作によるものが多い。たとえ作品に一人の作家名が冠されていても、それはグループの統括者・責任者としての意味合いが強く、現代の「アーティスト」の概念とは異なるものである。イタリア・ルネサンスのミケランジェロにしても、また桃山時代の狩野永徳にしても、多くの仕事がこなせたのは、大勢の弟子と共に制作に当たっていたからであり、時には、プロデューサーや監督に似た立場で、制作に携わっていたと考えられる。これは、現代美術においても例外ではない。

一方、作家とその作品が強く結びつけられる美術教科書の「語り」は、作品制作が、作家の創意やインスピレーションに基づくものであるという一種の「幻想」が、その根底にあるように思われる。もちろんそういう事例もあるが、やはり多くの場合、しかも作品の大小に拘わらず、注文主やパトロンの存在無くして作品を語ることはできない。芸術家であろうとも、社会に生きている限り、作品誕生の背景には、制作を取り巻く状況や人間関係が深く関与している。このようなことは、アニメーションや映画の製作であれば、容易に想像できるだろう。ある監督の作品であっても、製作には多くの人々が関与しており、また、製作に費用がかかるからこそ、スポンサーを要するのである。このように、身近なものであれば、興行利益や市場の問題に至るまで、制作背景として想像できるのに対し、「美術」がそうでないのは、「美術」を、「ハイ・カルチャー」と位置づけ、文化的に特権化しようとしたことが、深く関わっていると考えられる。

さて、ここまでに指摘した美術作品の語り方は、教科書に特有のものではなく、かつての美術史の記述にも見られたものである。それは、明治という変革期に、近代国家に相応しい新しい概念として「美術」を日本に移植した際に構築した、西洋中心的な「美術」の語りであり、「美術」を純粋芸術として特権化するものであった。だが現在、このような近代的価値観をもって、美術を語る美術史研究者はいないであろう。しかしそれに反して、このような語りの痕跡が現在の教科書に見られるのは、美術史研究の蓄積や成果が、美術教育にいかされていないことを示している。

同様のことは、美術におけるジェンダーや民族の問題にも表れている。西洋に相当遅れたとはいえ、美術史におけるジェンダー研究の重要性が、日本でも指摘されるようになって既に久しく、その成果も蓄積されている[注30]。しかし、それらもまた、教科書にいかされているとはいいがたい。

例えば、偉大な芸術家として取り上げられるのは、多くが男性であり、女性は少数に留まっている[注31]。また、男性に関しては共通の作家が取り上げられるのに対し、女性作家は各教科書で異なっている。これは、女性作家の評価が、男性作家ほど定まっていないことを示している。さらに重要なのは、女性作家の取り上げ方には、男性作家に見られない特徴があることである。例えばジョージア・オキーフは、夫スティーグリッツによって「その才能が見いだされ」「支えられた」と紹介され、芸術を理解する夫の「妻」として位置づけられている。つまり、芸術家としての彼女の主体性は消されているのであり、このような語りは、美術の中に存在する、不均衡なジェンダー・バランスを露呈するものといえよう。

一方、プリミティヴィズムやオリエンタリズムの問題も看過することができない。

ピカソの《アヴィニョンの娘たち》は、アフリカの彫刻の図版とともに呈示され、「アフリカの彫像に象徴される非ヨーロッパ世界からの造形やその価値観の導入により（中略）新たな表現が生まれてきた」と説明されている。一見これらは、ピカソがアフリカの彫刻を作品に取り込んだことを伝えるだけのように感じられるが、図版を見れば、それが単に影響関係を示すものではないことが明らかである。ピカソの絵画に対しアフリカの彫像の図版は実に小さく、キャプションは皆無か、あるとしても部族名や何の彫刻であるかが示されるのみである。これらは、西洋の美術を「アート／モダン／上等」なものとする一方で、アフリカ美術を「部族的造形／プリミティヴ／下等」なものとみなす価値観そのものの表象といえる。これは、アフリカ美術がピカソに「影響を与えた」と記さないことからも明らかである。このような「語り」や呈示方法は、美術史では周知のように、『20世紀美術におけるプリミティヴィズム』と題された展覧会をめぐって、「事件」として強く批判されたものである[注32]。だがこのような批判は全く無視され、教科書には同じ「語り」が繰り返されているのである。

オリエンタリズムの問題は、印象派の「語り」の中に窺われる。浮世絵と印象派の図版呈示のあり方には、日本文化を優れたものと讃えるナショナリズムが垣間見られるが、同時に、「印象派によって認められた」と考える、屈折した自文化評価の在り方も認められる。日本人の多くが印象派を好むのは、まさにこれに起因するものと思われるが、両者の関係には、オリエンタリズムの問題が潜んでいるのである。確かに印象派の画家たちは、日本の浮世絵や文化に興味や関心を抱いていたかもしれないが、それを日本への憧れとみなしたり、日本美術が認められたと解釈したりするのは、あまりに素朴すぎよう。印象派の画家たちの多くは浮世絵を、あくまで作品制作のための発想源として取り入れた（搾取した）のであり、日本に対しても興味こそあれ、憧憬していたとは断言できない。彼らが日本に向けていたのは、自らの文化と異なる「異質なもの」への好奇のまなざしであり、非西洋なるものへのオリエンタリズムに満ちたまなざしであったと考えられる。

また、このようなオリエンタリズムが、過去の問題ではなく現在の問題であることは、世界の建築を紹介するテーマ頁における図版呈示のあり方が、それを示している。日本文教出版『美術Ⅱ』には、デザイン鑑賞として「建築家のいない建築」というテーマが設定され、ポルトガルの高原地帯の岩の家、アフリカ・ブルキナファソの蓙の家、カメルーンの草葺の家、モンゴルのゲル、インドネシアの海上の家など、世界各地の様々な形態の建築の図版が呈示されている。整然と並べられた写真は、それらの建築がみな対等に扱われているように見えるが、そこには明確な差違が存在する。ポルトガルの家以外は全て、そこに暮らす人々が共に写し出された写真が使用されており、そこには、建築に加え民族に対する興味のまなざしが感じられる[注33]。これらの図版は、まさにオリエンタリズムの表象であり、非西欧の建築を「部族的なるもの」として意味づけているといえる。つまりこのテーマ頁は、たとえ無意識であろうとも、このような写真を選択し並べた、教科書の作り手の価値観が刷り込まれているのである。そもそも「建築家のいない家」というテーマ自体、建築家が設計した建物を芸術とみなす価値観で構築されており、それ以外の建築を貶めるものであるといえよう。

もとより、あるテーマや作家が取り上げられる際、どのような図版が選択されているかということ自体、重要な問題である。それは、何をどう見せるかということに、深く関わるからである。先述したピカソにおいても、なぜ他の作品ではなく《アヴィニョンの娘》でなければならなかったのか、まず問われるべきである。また、二社の教科書で大きく取り上げられている現代美術家村上隆に関しても、なぜ「DOBくん」や「カイカイ・キキ」など、「アニメ的」で愛らしいキャラクターをモチーフとした作品のみが取り上げられ、一方でフィギュア彫刻[注34]が選択されなかったのはなぜかということにも、注意が向けられるべきである。いずれも、日本のアニメーションやオタク文化をアートに導入した村上の代表作であるにも拘わらず、愛らしいイメージの作品のみが選択されるならば、偏った作家のイメージを作り上げかねないからである。

つまり、美術教育において最も重要なのは、美術に対するリテラシー教育であるといえる。なぜ、西洋美術ばかりが取り上げられ、なぜ男性の芸術家が多いのか。また、なぜあるテーマが多く制作され、あるジャンルだけがなぜ美術として特化されているのかなど、芸術を通して考えるべきことは数多くある。そして、美術の科目においても、その作品は誰によって、誰に向けて、何のために制作されたのかということが、問われるべきである。なぜなら、全ての造形には、必ず意味があり、社会に機能しているからである。美術作品を芸術家のインスピレーションにのみ結びつけて語ることは、これらのリテラシーを放棄していることに他ならないのである。

五、おわりに

教科書は正しい事実を伝えるもの、生徒を正しく導くものと捉えられがちであるが、真の意味で「正しい」ものなど存在しないことは、明らかである。むしろ教育に使われるものであるからこそ、教科書は国家や社会の価値観を携え、それを正しいものとして認識するように作られていると考えるべきである[注35]。そして、だからこそ、教科書がいかなるまなざしや価値観によって作られているのか、検討する必要があるのである。

教科書の記述については、従来、様々な論議が行われてきたが、そこに添付される図版に関してもまた、慎重かつ詳細な分析が行われるべきである。なぜなら、絵画をはじめとするイメージは、一見分かりやすいものであったとしても、様々な視覚情報が複雑に組み合わされたものであるからである。ゆえに、教科書における美術図版の引用は、十分に議論が行われた上でなされるべきであり、また、それが使用される教育の現場においては、図版が示す意味内容はもちろん、図版引用の意図に関しても、常に注意が払われるべきである。イメージのリテラシーの重要性は、むしろ、教育の現場にこそある、と私は考える。

様々なビジュアルイメージが氾濫する現代にあって、我々は、イメージの消費を案外「無自覚」に行っている。大量に生産され続ける視覚的イメージは、常に我々の感情や思考、価値観を、支配／コントロールしている。それに抗うためには、イメージの作用する力を知り、リテラシーの能力を身につけることが重要なのである。

[注1] 美術史という学問について、ポイントンは、レオナルドの絵画からパンティストッキングのパッケージに至るまで、あらゆる視覚的イメージを扱うべきであると論じている。『はじめての美術史──ロンドン発、学生着』（マルシア・ポイントン、木下哲夫訳、スカイドア、一九九五年。原著は一九九四年の第三版。）。

[注2] 歴史教科書における美術の語られ方に関する議論は、二〇〇一年一二月一五日に開催された美術史学会東支部大会例会のシンポジウム「中学校の歴史教科書における日本文化・美術の語られ方」をはじめとし、徐々に行われている（シンポジウムの詳細に関しては、肥田路美「平成十三年度東支部特別例会報告　シンポジウム　中学校歴史教科書における日本文化・美術の語られ方　概要報告」（『美術史』一五三、二〇〇二年一〇月）、『歴史評論』六三四（二〇〇三年二月）を参照）。中学校の歴史教科書に用いられる美術図版の引用に関する問題について、特に美術史研究者が言及したものとしては、千野香織「視覚的に歴史の隠蔽をはかるテーマ検証　口絵・挿図とその解説─絵画資料を読み解く」（『別冊歴史読本』八七号、二〇〇一年一〇月）、北原恵「教科書のなかの「歴史/画」──天皇の視覚表象──」（『歴史評論』六三四、二〇〇三年二月）、根立研介「歴史教科書と美術工芸品の図版をめぐって」（『美術フォーラム21』一二号、二〇〇五年九月）等が挙げられる。

[注3] このような資料批判が文字史料と同様に必要であることは、歴史研究者にも同意されているはずである。にも拘わらず現在もなお、絵画をはじめとする美術の図版が、歴史記述の挿絵として用いられている状況は、それが歴史的事実を写したものと生徒に誤解を与えてしまう危険性を常に孕んでいるといえよう。

[注4] 北原氏[注2]論文参照。北原氏はさらに「教科書では一般に「史実」として絵画が扱われる場合と、「芸術」として絵画が扱われる場合には、明確に差異化されている。それは制作者名の記載の有無である。」という重要な指摘をしている。

[注5] これらは美術の名品主義とも深く関わっており、美術の名品を国家の歴史の中に価値づけるという点において、ナショナリズムとも関わる重要な問題を含んでいる。

[注6] 根立氏[注2]論文参照。

[注7] しかも《金剛力士像》を含めた東大寺の復興造営に関しては、朝廷の大きな関与があったことがわかっているのに対し、武士や鎌倉幕府の関与がいかほどであったか明確ではない。このような背景を考慮すると、金剛力士像の形状に、鎌倉幕府や武将の意向が影響を与えた可能性は、極めて低いと考えられる。根立氏[注2]論文参照。

[注8] このような言説は、明治期に日本美術史が編纂された当初から、すでに見られるものである。これらの言説は、当時の帝国主義や国粋主義に基づいた美術史言説であり、これらが今もなお歴史記述に影響を与え、教科書に実際に使われていることを考えると、美術史の責任は極めて大きいといえる。

[注9] 熊田由美子「東大寺南大門仁王像の図像と造形──運慶と宋仏画──」（『南都佛教』五五、一九八六年九月）、根立研介「南

都再興造仏における慶派仏師の「中国」美術の受容をめぐって」(『講座日本美術史　第二巻』板倉聖哲監修、東京大学出版会、二〇〇五年)。

[注10]　北原氏**[注2]**論文参照。絵画や写真において、必要のない部分をトリミングし削除することによって、人物や出来事を視覚的に強調し、描かれた出来事を劇的に見せることも可能である。また、絵画の手法として描かれた、装飾的な霞などを取り除くことによって、絵画のフィクション性を希薄化し、史実をそのまま写し出した「記録画」のように見せることもできる。

[注11]　北原氏によると、扶桑社の『新しい歴史教科書』の「五箇条の御誓文の発布」と題する挿図は、原画の色調を変えて明るい画面を作りだしているという。北原氏**[注2]**論文参照。

[注12]　例えば、山川出版社版の日本史教科書(二〇〇八年)では「アイヌの参賀の礼」として《蝦夷国風俗図》が挿図として引用され、「写真には見えないが、左手の一番高いところに藩主の松前矩広が着座している。矩広は武家の式服を着て正式な応待をしている。」という解説文が添えられている。しかし画面を見ると、式服でもてなす矩広の姿がないばかりか、アイヌの人々の手を引く侍の行為からは、正式な応待という雰囲気は感じられない。しかもアイヌの人々は、腰を深く屈めて歩く弱々しい姿をしており、男性は顔色も黒く、目は三白眼で、毛深い手足も描かれている。このようなアイヌ民族の表現は、他の絵画にもよく見られるものであり、明らかに彼らを和人(松前の侍)よりも劣位に見ようとする価値観を読み取ることができる。このように、偏見で構築されたイメージは、今を生きるアイヌ民族の人々に対するステレオタイプや差別を生み出しかねない。このことからも、イメージを無意識に享受することには常に危険性が伴うといえる。

[注13]　安田靫彦筆《飛鳥の春の額田王》(一九六四年、滋賀県立美術館蔵、紙本著色、額装)。

[注14]　制作者、作品名、制作年代といった図版出典の情報を全く記さずに図を呈示するのは、国語の教科書の特徴といえる。

[注15]　安田靫彦の《飛鳥の春の額田王》や源氏絵のイメージは、切手にもなっており、文学書や一般書にも頻繁に掲載されている。

[注16]　『高等学校改訂版　標準現代文』(第一学習社、二〇〇九年)参照。

[注17]　日本文教出版の教科書では、美術の図版を、低学年の教科書には全く載せず、五・六年生用にのみ掲載している。

[注18]　開隆堂出版の教科書では、各巻の巻頭に「ちいさなびじゅつかん」として、美術作品を紹介する頁が設けられてはいるが、土偶・陶芸・絵本挿絵・絵画の図版が同等に掲載され、しかも児童の創作物と共に呈示されている。

[注19]　取り上げられた数としては、女性よりも男性作家が多いものの、特定のジャンルに特定の性別をあてはめようとする意図がみられないのは、一般の美術書とは異なる点で、重要で

ある。

［注20］ 作者名や題名、大きさ、制作年、所蔵者を記したキャプションが添えられているが、子供達の作品にも材料や大きさを記すキャプションがあるため、一見して区別がつかない。

［注21］ 東京書籍の教科書において、《鳥獣戯画》《鳥獣花木図屛風》《虎図襖絵》は、動物を描くための参考として、棟方志功の作品は版画の参考作品として取り上げられている。

［注22］ そのため、絵巻は画面だけでなく、軸に巻かれた全体像が見えるような写真が掲載され、さらに生徒が絵巻を両手で持ち、巻き広げながら鑑賞している写真も掲載されている。掛幅の絵画においても、画面だけでなく、表装を含めた全体像を写し出した写真が掲載されている。

［注23］ 日本文教出版の教科書では、MOA美術館にて尾形光琳作の《紅白梅図屛風》を鑑賞している男女の生徒の写真が掲載され、その下には「調度品でもあった屛風は折って立てた状態で見るのが本来の姿です。」という一文が添えられている。

［注24］ 一方、教科書の本文には、様々な地域や民族の文化に配慮する姿勢も感じられる。国内では、沖縄の伝統的な紅型や鎌倉彫が取り上げられ、また海外に関しては、「アジアの多様な美術」というテーマの下、朝鮮半島の仮面やベトナムの陶器、中国の茶器等を図版で紹介するもの（日本文教出版）、またシルクロードを通じた東西の文化交流を、地図と美術図版によって示そうとしている教科書（光村出版）も見られる。

［注25］ 千野氏［注2］論文参照。

［注26］ 日本文教出版『高校美術3』参照。

［注27］ 漫画家を芸術家として取り上げているのは、近年、日本のマンガや「ジャパニメーション」と称されるアニメーションが、世界的に認知されていることと深く関係していると思われる。

［注28］ アフリカの彫像の図版が極端に小さいことだけでなく、キャプションがないことも挙げられる。教科書によってはキャプションを添えるものもあるが、「ギニアのパガ族のニンパ仮面」とだけ記されており、作家名はもとより、制作年代やサイズ、所蔵者に関する記述は全く見られない。

［注29］ 扶桑社の中学生用の歴史教科書（『新しい歴史教科書』）のカラー口絵「日本の美の形」の解説の文章では、作品は必ず作者とともに語られており、たとえ日本美術史において定説となっていなくとも、作品には作者が比定されている。このような記述もまた、偉大な作品には一人の天才的な芸術家がいるという前提に立つものである。

［注30］ 『美術とジェンダー』（鈴木杜幾子・千野香織・馬渕明子編、ブリュッケ、一九九七年）、池田忍『日本絵画の女性像――ジェンダー研究の視点から――』（筑摩書房、一九九八年）、『女？　日本？　美？』（熊倉敬聡・千野香織編、慶応義塾大学出版会、一九九九年）、千野香織「フェミニズムと日本美術史――その方法と実践の具体例」（『大航海』三九、新書館、二〇〇一年）ほか参照。

［注31］ フェミニズム美術史の進展によって、多くの女性芸術家の掘り起こしが行われたにも拘わらず、その成果は全く反映

されていない。

[注32]　吉田憲司『「事件」としての展示と出版：『20世紀美術におけるプリミティヴィズム』——日本版『あとがき』として」『20世紀美術におけるプリミティヴィズム——「部族的」なるものと「モダン」なるものとの親縁性——〈日本語版のための補遺〉』（ウイリアム・ルービン編、一九八四年、日本語版：吉田憲司ほか監修、淡交社、一九九五年）

[注33]　建築とともに写された人々が、民族衣装を纏っていることも重要である。民族を強調するこのような写真は、絵はがきや民族学の専門書にも、よく見られるものである。

[注34]　例えば裸体の少女の等身大フィギュア彫刻《HIROPON》（一九九七年）や、同じく裸体の少年を題材とした《My Lonesome Cowboy》（一九九八年）は、露骨で大胆な性表現によって注目される彼の代表作である。特に後者は、約十六億円という高額の価格がついたことで世間を賑わした。しかし、いずれの教科書においても村上を語る作品として、これらのフィギュア彫刻は選択されていない。

[注35]　それは、教科書検定が、国の機関である文部科学省によって行われていることからも明らかである。

林京子「空罐」の〈亡霊〉的時空、あるいは記憶の感染の（不）可能性——教室のなかのテクスト論・2——

高木　信

一、「テクスト理論的分析」へ向かって——道徳的言説を乗り越えるために

林京子「空罐」（以下「空缶」と表記）は、長崎での被爆体験を持つ「私」を語り手とした一二の短編からなる『ギヤマン　ビードロ』（講談社　一九七八年刊）の劈頭をかざるテクストである。教科書の教材として、第一学習社『高等学校　新訂国語総合　現代文編』、教育出版『現代文　改訂版』に採用されている[注1]。

一二の短編は「私」を語り手にして長崎での被爆体験をした少女たちのその後を描いたもので、登場人物が重なり合いながら登場してくるが、教室という空間では、基本的に教科書所収のテクストであれ、持ち込み教材であれ、ひとつのテクストを読解していくというスタイルをとるのであるから、『ギヤマン　ビードロ』の他のテクストは参照しないこととする。他のテクストを参照しないというのは、学校では「テスト」で成績を評価するのであるから、テストの紙面に載せていないことをもとに設問を作るということは、やはり「基本的」には、しない／してはいけないことである（教師にもよるが）からだ。逆から言えば、テストの問題文に載っ

ていないことを問題として聞くのは、テストという制度においてはルール違反なのである。ただ、難しいのは、問題文に載っていることでも、たとえば「イデオロギー」という言葉の意味を知っているものとして出題するか、「イデオロギー」について設問を作るか、「イデオロギー」に註を付けるか……、現代文（古典もだが）とはどこまでを生徒の常識とするかによって、テクストの外側を参照せざるをえないのだし、なにについては参照しなければならないか、どのレベルで参照するのか、判断が難しい局面も多い。時代によって、知っていて当然の事項はどんどん変化していくのである。

このように教師によって知という資本が寡占されている状態にあるのが、そして教師が生徒の理解度を判定する権力をもっているのが教室という場である。そのような場において、教師が一方的に「作者の言いたいこと」「作品の主題」を教え、テストをし、成績をつけるという非対称的関係とは違うスタンスをとることが可能となるのが、本稿で言う「テクスト論」という立場であろう（以下従来の「どのような読みも許容される」とする「テクスト論」とあいだに差異があることを踏まえて「テクスト理論的分析」と呼ぶことにする）。それは、教材をひとつの完結したまとまりとして捉え、外部の知識や歴史、文化状況を排除し（古典作品の解説ではこれは無理だろうが）、テクストの内的構造を解析しようというものだ。したがって「文化研究」的なアプローチは極力排除される。実際問題として、「文化研究」のもたらす情報は、授業の余談では利用できても、テストでは聞くことができない事柄に属する。教材研究および実際の授業で利用できるのは、テクスト理論的分析であるし、生徒がその方法論に親しめば親しむほど、教材の読解において教師と対等の立場で解釈を丁々発止と議論することを可能とする。

本稿で採る「テクスト理論的分析」とは、かつて流行したような戯れを第一とし、〈読む私〉の無制限な自由を謳歌した「テクスト論」とは一線を画する。そのような意味で、田中［一九九四］が展開した「読みのアナーキー批判」と矛盾するものではないだろう。テクスト理論的分析は、テクストの語りを複数の審級で捉える（高木［一九九五］の［注4］、高木［一九九四、一九九七］の［注2］を参照）。

まずはテクストを一義的に定位しようとする「語り」をみることにする。これは字義通り（デノテーション）の意味で読み解く局面とコノテーションを読み解く側面があるが、その読み分けは〝常識〟に多くを頼ることになる。したがって解釈共同体に属することでテクストの意味を理解することができる。教室でならば、指示語、接続語、キーワード、語句の一般的な運用を理解して読解することと通じる。

そのうえで、二項対立や語り方によって作りあげられる物語構造を押さえていくことをする。これはテクストを読解していくうえでも、ある事項からそれと対立する事項をピックアップすることを可能とし、テクストのデノテーション的意味を押さえることになる。

授業でテクストの字義的な意味を押さえていく作業は、読解の基礎的作業であり、テストに出題することがもちろん可能である。しかし、別のレベルであるテクストの構造を押さえていくこと、それを「作者の意図である」とするのは不可能であろう。しかし構造的読解は、テクスト読解の別の角度からの基礎作業でもある。これも工夫次第では授業という出来事のなかではテストに組み入れられる。だが、授業はそこで終わってはいけないと思う。なぜならそこには「問題」の発見や「批評」というものがないからである。国語という教科は、「リテラシー」の養成だけではなく、一種の「思想教育」（イデオロギーを植え付けようという意味ではないし、道徳を教えようというものでもない）、つまり批評意識の錬成にもうひとつの側面があると思うのだ。批評的アプローチはテストに出すことは避けた方がいいと思うのだが——なぜなら、答えがひとつに決定できるはずがないからであるが——、二項対立がズレていく場面、内容が矛盾する箇所、語りが過剰であったり、沈黙している箇所などに注目し、デノテーション的意味の圧政から身を引きはがし、語り手の持つ暴力性を明らかにしていくものである。そこの発想の基盤として利用できるのが「理論」であろう。精神分析やフェミニズム批評、脱構築などである。

さて以下、「空缶」を対象にして、〈記憶〉と〈語り〉という問題圏のなかで、「道徳的読解」から身を翻す、そのような読解を試みようと思う。

二、〈記憶〉をめぐるテクスト――「想い出」、「記憶」、「恥ずかしさ」

「空缶」は〈記憶〉をめぐるテクストである。だが、そこに〈記憶〉の闘争――複数の〈記憶〉がぶつかり合い、ひとつの〈記憶〉がヘゲモニーを獲得するプロセス――は一見ないように思われる。

テクストは、三十年ぶりに廃校予定の母校・N高女を訪れた五人（西田、私、野田、原、大木）の女性たちが、長崎での原爆体験以降の記憶や自己の人生、そしてきぬ子という、被爆のときに死亡したT先生の最期の瞬間を目撃した、そして両親の遺骨を空缶に入れていた同級生についての語りあいを、「私」の視点から構成したものである。「空缶」では記憶が曖昧な場合、大木という女性が「正しい」過去を提示してくれるのであり、登場人物も享受者もそれを真実であるかのように受け入れることができるようになっている。しかしはたして大木の記憶が真実なのだろうか？　テクストにおける〈記憶〉について考えてみる[注2]。

登場人物たちにとって過去の事象は大きくふたつに分けられる。ひとつは「恥ずかしさ」をめぐるものであり、皆が共有する過去として語り合うことができる類のものだ。

①「洗面所の使用法について、一言」腰に両手をあてて、大木が四人に向かって言った。それは誰？　その口調は、と西田が、大木を指して考える表情をする。あれは誰だったか。洗面所の使い方ばかりを注意する

先生が、確かにいた。かめのこだわし、突然思い浮かんだ恩師の仇名を、私は大声で叫んだ。（一五七頁）

三十年ぶりの校庭で大木が思い出したこと、「私」のなかで確固たるものとして思い出された仇名、それは「洗面所の使用法」や「生理用具の処理のしかた、水の流し方」（一五八頁）という「恥ずかしい思いが印象に深かったからだろう」（一五八―一五九頁）とされる。あるいは敗戦後に開かれた弁論大会の「恥ずかしか」（一六三頁）記憶は鮮明に思い出されるのである。西田に「覚えてる？」（一六三頁）と聞かれた弁論大会について、原爆症による発熱でよく学校を休んでいた「私」にはその日も休んでいたのか「記憶になかった」（一六三頁）のだが、西田と優勝を争った大木は「恥ずかしか」こととして覚えているし、原や野田も興味津々でその話題に加わってくる。

「恥ずかしい」としながらも、和気藹々と思い出される過去は、体験した人々によって楽しげに語り合われる。テクスト中に登場することのない「きぬ子」もまた弁論大会への登壇について明確に語られる。

②「きぬ子さんって、よく覚えていないけれど、弁論大会に、一緒に出た人じゃない」と西田が聞いた。へぇ、出なったね、と野田が答えた。〔中略〕在学中のきぬ子も私は覚えていないし、知らない。「命について、話しなったね」と原が覚えていて、言った。おとうさんも、おかあさんも即死しなったけんね、と大木が言った。独りっ子だったの？　と私が聞いた。うちとおんなじ、天涯孤独の教師さ、と大木は、私たちを見て、笑ってみせた。（一六八頁）

このように「恥ずかしさ」をともないながらも楽しげに想起され（大木は「道化て」（一六四頁）語っている）、

語り合われる〈記憶〉[注3]に対して、語り合われない過去、思い出すことが困難な出来事、想起できない〈記憶〉が被爆体験なのである。もちろん〈記憶〉はつねに正確かつ共有可能なものではない。たとえば、中庭の広さについて、西田は「「この庭、こんなに狭かった?」」(一六〇頁)と述べ、原もそれに同意している。しかし、彼女たちは多くの言葉を交わし合っている。

講堂に入ったとたん、彼女たちは「雑談」(一六〇頁)を止めることになる。西田以外の者たちが思い出しているのは「追悼会」であった。講堂でひらかれた追悼会では、死者たちの名前を読み上げられ、生き延びた者たちが死者への祈りを捧げたのである。講堂に入ったとき、原は「「悲しゅうなる」」(一六一頁)とつぶやき、大木と野田が「無言でうなずいた」(同頁)のであった。「悲しみ」と「沈黙」が覆い尽くすのが、講堂によって想起される被爆の記憶なのである。「私」も、

③悲しゅうなる、とつぶやいた原の言葉は、各人の胸によみがえった。あの日の想いを、率直に言い表わしていた。(一六二頁)

とそのときの想いを語る。しかし、その「各人の胸によみがえった」「想い」が全員同じであるかどうか、「悲しさ」の原質が同じであるかどうか、それはわからないのだ。

④被爆後、私たちは明からさまに話さない事が多くなっていた〔後略〕(一七三頁)

話し合われることのない出来事の記憶は、各人の内部に沈殿し、トラウマとなるだろう。フロイト〔一九一七

が言うような「喪の作業」を経て、大切なものを喪失した「メランコリー」を克服すること、そのことに失敗することになるだろう。

「想い」という語は、「思い」や「記憶」と並んで使用されるのだが、四例を数えるのみである。原と大木が被爆後、収容されていたのがこの講堂であった。それを二人の「想い出」（一六二頁）と「私」は語っている。講堂に横たえられた被爆者たちの多くが死んでいった。このとき大木は両親に引き取られていったのであるが、その姿から「死亡説」（一六五頁）が流れたという。講堂をめぐる揺れ動く死の記憶について「想い（出）」という語が使用されている。もう一例は、きぬ子のT先生についての「想い出」という用例である。きぬ子はT先生が原爆によって即死したその現場を見ていた。

⑤〔T先生の〕墓参りを終えた私たちは、K寺の町を見おろせる樫の木の根元に坐って、T先生の想い出話をしていた。きぬ子は、T先生の即死の現場を見ている。〔中略〕いつの間にか、T先生はきぬ子の頭の中に貼り絵のように、貼りついてしまった。（一六九頁）

けっしてたどり着くことができない出来事について「想い出」という語が使用されている。学生時代のきぬ子を「覚えていない」（一六八頁）「私」がきぬ子とつきあい始めたのは卒業後であり、昨年十年ぶりに出会っている。そして二人はT先生の墓に参ったのである。T先生の想い出も出来事から三十年程度経って始めて語られたのだ。

この後者二例から考えると、やはり引用文③の「想い」は、確定されない、そして共有することが不可能な出来事を語るときに使用されているようだ。もう一例は後述する引用文⑫にあるのだが、それは「私」が墓参りのときのきぬ子の様子を物語現在において「想い出し」（一七〇頁）た場面である。演繹法的に考えれば、このときに「私」のきぬ子の想い出も、不安定なものとしてあることになる。

それに対して「記憶」という用語は、五例を数える。一例は「私」が休んでいたためか弁論大会の「記憶」（一六三頁）がないというものである。あとの四例は、自分の教室がどこであったかを西田と「私」が語り合い、大木がきぬ子の教室を「記憶」（一七二頁）していたという場面に集中的に表れる。そこでは自己の「記憶」に自信があるものの、他者の「記憶」とバッティングするという場面で使用されている。

被爆体験をめぐる人々の語りや感情は、共有されない、語ることの少ない、他者と矛盾する、そのような〈記憶〉によって支えられている。のちに見るように、大木の語りによって出来事は整序されるかのように見えるのだが、「空缶」というテクストは混濁した〈記憶〉の連なりのなかに構造化されているのである。

三、記憶と体験による切断線――二項対立の無効化

さて、教科書の指導書は登場人物を分類化することを定番的な作業としている。そして基本的には非被爆体験者の西田と、被爆体験者の大木を対立項としてテクストを二分しようとする。ここでも七人（きぬ子とT先生を含む）を被爆体験などで分類してみよう。

【表1】

	被爆体験	職業	N高女	結婚	両親	追悼会	弁論大会	備考
西田	なし	服飾デザイナー	原爆後編入	死別	不明	編入早々参加	参加	「立っている現在が、常に出発点」

私	あり	作家？	編入して被爆	離婚	不明	参加	欠席	きぬ子の記憶がない
原	あり	無職	生え抜き	未婚	生存	参加	参加	悪性貧血
野田	あり	主婦	生え抜き	結婚	不明	参加	参加	「亭主が死ねばアウト」
大木	あり	中学教師	生え抜き	未婚	死別・原爆後	参加	参加	原爆病に不安 身体の中のガラス
きぬ子	あり	小学教師	生え抜き	未婚	死別・原爆時	不明	参加	T先生の最期を見る 身体の中のガラス
T先生	あり・原爆で死亡	N高女教師	生え抜き	未婚	生存	死亡	不在	死の間際に叫び

非被爆体験者の西田は、被爆体験者の大木と対比される。それは西田のふたつの側面による。ひとつめが、非被爆者という後ろめたさである。西田は「「原爆の話になると、弱いのよ」」（一六二頁）と言う。西田はN高女に原爆投下後編入しているから、被爆体験がない。だから被爆した友人たちとの「結びつき」（同頁）が「弱い」と述べる。会話においても（出身が長崎でないこともあり）「ぎこちなさ」（一六三頁）がつきまとうのだと言う。それに対して大木は「被爆は、せん方がよかに決まっとるやかね」（同頁）と言うのだが、西田は「心情的にそうありたい、と思うのよ」（同頁）と答えている。被爆体験のない西田は、他の女性たちが講堂で「追悼会」を想起しているのに対して、「弁論大会」が「脳裏に浮か」（同頁）んだのだという。被爆体験もなく編入したばかりの西田には「追悼会」の体験に重大な意味を認められないのであろうから。このように被爆者たちに対して、非被爆者であることが西田をして五人（きぬ子を入れれば六人）のなかで異質な存在である

とされるのである。

もうひとつは、対照的だとされる大木との考え方の違いである。半年前に夫を亡くしたものの、すでに服飾デザイナーとして名をなしていた西田は、「進むしかないのよ。いつ足をすくおうかって、虎視たんたんなのよ」（一六六頁）との考えを持っている。この発言は、大木が離島へ赴任することになるかもしれず、原爆症が発症したらどうしたらよいのだろうかと躊躇しているという話に対してなされたものである。ちなみに、同じ被爆者である「私」は「大木が躊躇する気持は、同じ被爆者である私には理解できた」（一六五頁）とする。西田は次のように言う。

⑥「むごいことを言うようだけれど、予定が組まれたら進まなきゃならない、それが生きるってことじゃない、たとえ病気であってもよ」／同じ場所に踏みとどまっている訳にはいかないのだ。立っている現在が、常に出発点なのだ、と西田が言った。（一六六頁）

原爆症がでたら原爆病院に入院したいという被爆者である「私」や大木の気持ちは西田には共有されることはない。「病気」という〈一般化〉のなかに原爆症も押し込められてしまう。「生きる」の意味が被爆者／非被爆者では違っているのである。だから、原は「「生き残って三十年、ただ生きてきただけのごたる気のする」」（一六七頁）という発言が出てくるのだろう。

西田の体験の共有への希求と断絶という二面性が、被爆者／非被爆者という断絶線を明らかにする。それはたしかにそうだ。その断絶線が、大木に次のように言わせるのである。

⑦うちたちは原爆にこだわりすぎるとやろうか、と大木がひっそりと言った。（一六七頁）

深津［二〇一〇］は、体験／非体験という自明に見える境界線を語ることが逆に「被爆者という共同性」を立ち上げてしまうと述べていた。「私」と同じく「同じ被爆者」でないと「理解」できないということになる。もちろん、西田的な〈一般化〉が暴力的であり、原爆症という局所論的な現象について「理解」が及ばないことは押さえておかねばならない。だが、非体験者を出来事の記憶から排除することは、出来事について語ることさえを不可能とする。西田につきまとう「ぎこちなさ」（一六三頁）は、非被爆者の取らざるをえない身振りであると同時に、同じ被爆者同士のあいだでも発生する事態であるはずだ。後述するが、出来事の記憶をすべて語ることは不可能である。それは体験者、非体験者を問わない。だから非体験者である西田を共同性の向こう側へと排除し、被爆者たちの共同性を確保することもまた暴力的な行為なのである。

しかし、教科書の指導書は、大木を中心化してしまう。教育・指導書［二〇〇八］は引用文⑦について、つぎのように教えろと「指導」する。引用文Ⅱは「感想文」の解答例（なぜ感想文に「解答」「例」があるのだろう？）である。

Ⅰ原爆にはこだわりすぎなどあり得ない。これが作者の思想的主題であり、「きぬ子の空缶」は文学としての主題であるという読み方もできる。（一七頁）

Ⅱ私たちは被爆体験者の心情を我が事として到底理解し得ないであろうが、被爆の危険性は実は私たちが直面するものであり、その意味で「ヒロシマ・ナガサキ」の被爆体験は過去の問題でないと思う。この作品が私たちに教えてくれるものは、平和ということの意義である。（二一頁）

西田の発言（引用文⑥）については「学習の手引き」で「被爆者と非被爆者の対比を根本視点と」（二〇頁）して、西田が他の登場人物とどうちがうのかとの設問を立てたうえで、被爆者と非被爆者のあいだには大きな溝があるという「解答例」が示される。道徳的教材として「空缶」を使用し、西田を排除したうえで、その多くが非被爆者である「私たち」に「平和」を学べという。これでは体験の有無によって切断線を引き、被爆者共同体が原爆にこだわることに、非被爆者は「共感」するしかないだろう。それは、非被爆者が被爆者の、あるいは生き残った者が死者の〈他者性〉を忘却し、剝奪することになる。

第一・指導書［二〇〇六］は、道徳教育の側面は希薄であるが、やはり被爆／非被爆の切断線を重視する。

Ⅲ西田を通して、被爆しなかったという体験が、その体験の意味とともに問われようとしている。被爆しなかったという体験の意味を問う点で、西田は、彼女たちの「隣人」足り得る。つまり、非・被爆者は、非・被爆という絶対的現実を共有しながら、その中で、やはり、個別的に非・被爆の体験に向き合う。たとえ、無関心、つまり向き合わない多数がいたとしても、非・被爆という共有性の中にも個別性の層があることは動かない。〔中略〕他者の過去の死が常に現在形の問いとして迫ってくるような世界を彼女〔きぬ子〕は生きてきたのである。そして、そのような世界の核心にあるのが、「痛み」の感覚であり、最終的には、この「痛み」の感覚を想像力の力を借りながら共有しようとするかどうかが読者に問われることになるだろう。（四五頁）

非被爆者共同体を（その内部に分断線が何本引かれようとも）樹立することは、逆にその外部に、そして言外のうちに被爆者共同体を疎外的に定位することになるだろう。ここで「言外に」というのは、引用文⑦の大木の「こだわり」について深く掘り下げた解説をしないということに通じる。非被爆者共同体の「非・被爆の体験」から、「被爆の体験」を自分たちが日常的に経験している「痛み」（しかし「痛み」こそ共約不可能性を抱え込んでいるはずなのだ）から、「共有」（想像＝創造）しようということだろう。

教育・指導書［二〇〇八］は、「原爆に対する思いは、被爆者と非被爆者とではどう違うか」という問いを立て、答えとして「非被爆者にとって長崎（広島）の被爆は、一九四五年八月、過去のことであるが、被爆者にとっては常に現在に関わる出来事であり、それが生涯続くのである」（一八頁）とまで書く。けっきょくは、西田／大木という非体験／体験で分断できる二人をして、「空缶」世界をふたつの世界に二分させるのである。このような二分法的発想のなかで、非被爆者がいかに被爆者の気持ちにより添えるかを考えさせようとする教科書（指導書）のあり方が、被爆体験者の共同体を卓越化することにもなるだろう。このような卓越化にいらだつのが中上［一九七八］であった。もちろん中上［一九七八］は、教室における「空缶」の教え方を批判しているのではなく、「空缶」というテクストが被爆体験を絶対化しているという批判である。「「ギヤマンビードロ」で、人は被害者の小説だから身につまされ、甘い涙を流すよ」（二〇九—二一〇頁）と発言している。これは教室のなかの「空缶」（とその指導書）が果たそうとする道徳的身振りと表裏一体であろう。中上［一九八二］は、林京子の体質を「文学の場における原爆ファシストとしての性格」（二八八頁）だとし、「原爆を書けば、ストレートにこういう形（林の作品「無事」）で文学になり得る、あるいは、文芸雑誌に書き得ると思っていることのユルフン（ゆるいフンドシの意であろう）状態、精神的緊張を欠いた状態。これをテキストにして、原爆イコール文学と考えるなら、文学というのが原爆からいろんな形で種明かしをもらえるんじゃないか、とか。別な形での文学論というのは引き出せるかもしれませんがね」（同頁）と述べている。

これは西田／大木という分断と、西田が大木の被爆をけっして体験できない不可能性が「大木の体験の絶対性」を作り出してしまうことによる。

教育・指導書［二〇〇八］に顕著なように、「非被爆者による「こだわりすぎだ」」という非難もあっただろうし、また、三十年という時間による記憶の風化もあったであろう。しかし、作者は、抗しがたい時の経過にあらがって、昭和二十年八月九日の原爆投下の事実にはこだわりすぎはないとの思いを、「きぬ子」の体内から取り出されるガラス片に象徴させる（六頁）と、被爆／非被爆に重心を置く。そこから「きぬ子」の問題も捉えられてしまってる。

だが、切断線の引き方を変えてみたら、世界は変貌する。「空缶」は七人の女性が描かれるが、表1からも読み取れるように、すべての登場人物に差異がある。「原爆体験者共同体」が一枚岩でないことは、一番経歴が似ている「大木」と「きぬ子」のあいだの差異に着目することからわかる。二人の違いは、T先生の最期を見たか／見ないか、両親の死が被爆時か／被爆時でないか、ガラス片をまだ抜いていないか／すでに抜いたかである。その上での「「大木」うちとおんなじ、天涯孤独の教師」」（一六八頁）なのである。ここにある差異こそ、「原爆ファシズム」から身を翻す、「空缶」の着目すべき点なのである。

四、指導書、饒舌と沈黙のあいだ――「ガラス片」と「空缶」をめぐって

指導書は、複数のクラスを複数の教員が担当し、共通のテストを作成するときに、必要不可欠なものであろう。教員が集まって勉強会をするときにも、話し合いのベースとなり、「この指導書の指摘はおかしい」などと批判したりしながら、教え方、テストの作り方を話し合うことになる。一人の教師が指導書と全然違うことを教えていたら、それはテストには出さない、もしくは記述問題にして（選択肢問題では答えがなくなってしまう）、採点は各自の自由とすることになる。指導書をまったく見ない教員もいれば（それはそれで一人の教員の思い

込みが教室で教示されることになり問題だと思う）、指導書通りに授業をしようとする教員（問題意識がなさすぎるだろう）もいるだろう。一番いいのは、複数の教員が指導書を批判的に利用して、よりよい授業用の解説案を作りあげていく作業であろう。

が、この指導書というものは、「大切なことについては多くを語らない」という性質があるようだ。それに対して、「どうでもいいことについては饒舌なまでに語り尽くす」のである。「空缶」で顕著であったのは、「他の林京子の作品では、こう書かれている」式の解説である。ふたつの指導書のうち、よりよい解説がしてあると思う第一・指導書［二〇〇六］にしても、T先生が誰であったかについて、『祭の場』（講談社 一九七五年）、『道』（文藝春秋 一九八五年）から、「立花珠枝先生」だとしているが、その情報がいったい何の役に立つのだろうか？『道』や『ギヤマン ビードロ』の他の作品を参照して解説される箇所が散見されるが、その「知識」はテクストの読解にいかほどの役割を果たすのだろうか？

対して、「ガラス片」に関しては、指導書の記述は驚くほど簡潔かつ類似する。テクストの最後で、手術後にきぬ子の身体から出てくるであろう脂肪に包まれたガラス片についての解説である。テクストの最後はこうだ。

⑧きぬ子は、あした入院するという。きぬ子の背中から、三十年前のガラス片は、何個でてくるだろう。光の中に取り出された白い脂肪のぬめった珠は、どんな色を放つのだろうか。（一七四頁）

身体から摘出される、被爆時に突き刺さったガラス片が脂肪にくるまれているという記述は、大木のガラス片摘出の体験談に支えられている。大木も四、五年前に背中からガラス片を摘出している。

⑨「人間の体は、よう出来とるね」と大木が言った。〔中略〕医師に、切開をして出してもらうと、真綿のような脂肪の固まりが出てきた。四、五粍の、小さいガラス片は脂肪の核になって、まるく、真珠のように包み込まれていた、という。（一七〇頁）

もちろんこのガラス片が被爆という出来事、その体験と痛み、隠されていたものとその出現、そしていまに続く記憶のメタファーであることは疑いない。「人間の体は、よう出来とるね」というのは、直接触れてしまったら身体を傷つける暴力的出来事・記憶（ガラス片）から自身を守るために、記憶（ガラス片）を身体の一部から切り離す（包み込む）ことで、日常生活を送ることができるようになっているということだ。と同時に、去年、きぬ子と「私」がT先生の実家を訪問したとき、きぬ子が発した「痛い」という「小さい叫び声」が手のひらの内部に残存している「ガラス」（一七〇頁）のせいであったこと、つまり、いまだ身体のなかから原爆の記憶が被爆者を苦しめてもいることを忘れてはならない。突然身体を苛むガラス片による小さな痛みと、生命を脅かすようなガラス片がもたらす痛みから身を守る身体と。

しかし指導書は大木のガラス片についてはほとんど触れることがない。第一・指導書〔二〇〇六〕だけが、引用文⑨「真珠のように包み込まれていた」について、「悲しみや苦しみをゆっくりと癒しつつ、その悲しみや苦しみの中から人間や生への思いを生み出そうとする被爆者のイメージ」（六九頁）という、ほぼ意味の通じない言説を載せている。脂肪がガラス片を包み込むことと、身体を苛むガラス片があることとと、「癒し」とどう関わるのか？　教育・指導書〔二〇〇八〕では、「原爆に〔中略〕こだわりすぎなどあり得ない」（一九頁）としながら、「「きぬ子」の体内に残るガラス片が象徴しているものは何か」という問いに、「被爆者の心に、常に現在にかかわることとして、永遠に残り続ける心の傷」（一九頁）と解答するのだが、心の傷をどうしろというのだろうか？　場当たり的な解説、しかも道徳的、被爆者へ同情的（言い過ぎなら「共感的」と言おう）のような気がしてならない。

「きぬ子」の身体から摘出されるガラス片について、指導書は次のように言う。

Ⅳ過去から現在まで続いている被爆者の悲哀を語り、この小説の思想的主題を象徴する効果をあげている。（教育・指導書［二〇〇八］、二一頁）

Ⅴ三十年間、きぬ子が人に語ることなく、密かに思い続けてきた、その思いや心の象徴になっている。（第一・指導書［二〇〇六］、七三頁）

ここには「大木」のガラス片への想像力が欠如している。「ガラス片」が原爆の記憶のメタファーであることは間違いがない。だが、大木がガラス片を摘出した（日の光のもとにさらした）からといって、大木の過去へのアクセスの仕方が変化したようには語られていない。大木の脂肪と、きぬ子の脂肪が、現在の光のなかでその輝きに差異を持つとしたならば、二人の体験、その後の生き方の違いが比喩的には反映されているということになろう。つまり、同じ被爆者であっても、身体の奥底から引き出される過去は、そして過去から現在に至る経験には差異があるということだ。にもかかわらず、きぬ子のガラス片だけを卓越化してしまっては、大木ときぬ子のあいだにもまた差異があることを見逃してしまうだろう。指導書の饒舌は、自らが主張したい「正しさ（道徳）」を補強する箇所にのみ集中する。

同じように、沈黙のなかで道徳に回収されるものがある。それは〈空缶〉だ。

「私」がかつてきぬ子が持って学校に来ていた、両親の遺骨の入った空缶を想起しながら、「あの空缶は、いま何処にあるのだろう」と思うときの〈空缶〉を、第一・指導書［二〇〇六］は「父と母の骨を拾い、空き缶に入れて持っていた少女の悲しみや寂しさ、心の痛み」（七三頁）の象徴・暗示だとする。タイトルとなっている〈空缶〉について、もう少し掘り下げてもいいのではないか？

「私」には学生時代のきぬ子の記憶がない。卒業して「同窓会か同年会で同席して、それから、つき合いがはじまったようである」（一六八〜一六九頁）と、つき合い始めた時期も曖昧なままである。去年、十年ぶりに再会して、T先生の実家であるK寺を二人で訪ねている。しかし、どうやらきぬ子は「私」と同じクラスであったようだ。「私」の記憶にあるのは、両親の遺骨を空缶に入れて登校していた少女である。その少女がきぬ子であったと、「今日」はじめて大木に教えられて知るのである。

「私」のきぬ子についての記憶は空白である。その代わり〈空缶少女〉の記憶だけが残っている。「私」にとって空缶少女の内実は空白であったも同然であろう。〈空缶〉それは、中身のない缶である。外側からは内部に何が入っているかわからないにもかかわらず、たぶん空（から）であろうと想定して〈空缶〉と名指す。そのような空缶とそっくりな存在がいる。原の次のような発言を思いだそう。

⑩「生き残って三十年、ただ生きてきただけのごたる気のする」（一六七頁）

原の人生は、彼女にとっては空白としか捉えられないのであろう。空缶の中身はわからない。所有者がいれば、その所有者のみが中身について言及する権利を持つが、それが真実なのかどうかは第三者にはわからない。また所有者だからといって中身を把握しているとは限らない。と、このように書くと、〈空缶〉が〈記憶〉のメタファーのように思えてくるではないか。引用文①の台詞「かめのこだわし」、西田が言った「「この庭、こんなに狭かった?·」」（一六〇頁）という発言、記憶のなかの事物は、つねに流動的である。確固たるものとして〈過去〉はない。「空缶」のなかで繰り返される台詞がある。「覚えてる?·」「忘れていた」である。西田が「私」に聞いてくる弁論大会についての発言は、「覚えている?·」（一六三頁）であった。きぬ子が今日来なかったことを「忘れとった」（一六七頁）大木、きぬ子のことを「よく覚えていない」（一六八頁）西田、在学中のきぬ子を「覚えていないし、知らない」（同頁）「私」、「覚えてい」（同頁）た原。きぬ子が空缶を持って登校していたことを「覚えとる?·」（一七二頁）と尋ねる大木。彼女たちの記憶は、他者の確認を経て、その内実が確定されたような気になる性質を持つ。〈記憶〉という形式は、その内容において流動的、もしくは空白なのであり、誰かによって補完されなければならないし、補完されたからといって真実かどうかはわからない。証言の群れのなかにあっても過去は固定的にはありえない。〈記憶〉は、その持ち主にとっても、思い込んでいた内容と他者から与えられる内容が一致しないような、つまり過去を明確にしえないような、つまり〈空缶〉なのだ。

自分の〈記憶〉の中身について、自分自身が不安である、あるいは他者による認定を必要とするということは、きぬ子のT先生についての記憶についても言える。大木ときぬ子の決定的な差異であるところのT先生の記憶は、「私」によって次のように表象されている。

⑪きぬ子は、T先生の即死の現場を見ている。遺体を確めたわけではないが、閃光に額をうたれて、光の中に溶けて見えなくなった瞬時を、目撃している。その時T先生は、きぬ子に向かって、大きな口をあけて（あ）何事かを叫んだ。言葉は、勿論聞きとれなかった。単なる叫び、だったかもしれないが、きぬ子はT先生の最後の言葉を、何とか理解してあげたい、と思い続けた。開いた唇の形を脳裏に繰り返し描いて考えているうちに、いつの間にか、（い）T先生はきぬ子の頭の中に貼り絵のように、貼りつ

いてしまった。／聞きとれなかった言葉は、きぬ子の心の負担になって、この頃では、（う）あの情景が事実たったのか、T先生は本当に死んだのだろうか、と、それさえも疑うようになっているのだ、と言った。（一六九〜一七〇頁）

出来事の中心とも言えるT先生の最後の言葉（と思われるもの）・叫びは、きぬ子にとって非在なのである。そこから、T先生の死亡という出来事までもが本当にあったのか、見たのかどうか、きぬ子にはわからなくなりながら、しかしT先生はきぬ子の記憶に貼りついてしまっている。

きぬ子は原爆の閃光のなか、T先生の最後の決定的な言葉を聞いてしまったと思っている。しかし口の動きだけという〈形〉に取り憑かれながら、その〈内容〉を知ることはなかった。知ることはけっしてできないということが、余計にきぬ子に重くのしかかる。この空白の〈記憶〉を抱え込んで生きるしかなくなったことが、大木との大きな違いであるし、また〈空缶〉としての〈記憶〉に取り憑かれてしか生きられなかったきぬ子の人生なのである。

「空缶」というテクストはこのように入れ子的に、T先生の空白の言葉、きぬ子の空白の記憶、「私」たちの空白の記憶、空白の人生を抱え込んだ〈空缶〉状の人々、そのような人々の記憶や人生によって構造化されているのである。

〈記憶〉をめぐっては〈空缶〉的状態の被爆者と、非被爆者である西田のあいだには差異は生じない。西田もまた空白の〈記憶〉に取り憑かれざるをえないだろう。「予定が組まれたら進まなきゃならない」（一六六頁）と大木に言うものの、被爆の話になると「弱い」（一六二頁）のであるし、ぎこちなくしか話せない「西田」は、T先生の言葉を、そしてT先生について明確に話せない「きぬ子」と、証言をめぐって近しいものがある。T

先生（の記憶）に取り憑かれている「きぬ子」（引用文⑪傍線部（い））、そして「原爆」（そのなかに体験の有無も含まれる）に取り憑かれている「西田」がいる。

五、迷宮の時空／記憶の迷宮――〈私〉たち、多層所属的な亡霊

「きぬ子」における、記憶の空白や曖昧さ（引用文⑪傍線部（あ））、時空系列の混線（傍線部（う））、そして過去を忘却したいができないという現実、それは他の五人にも共通している。まずは「きぬ子」のT先生の記憶との向き合い方を確認しよう。引用文⑪のようにT先生の最期の瞬間を見たきぬ子は、去年、十年ぶりに再会した「私」とともにT先生の実家であるK寺に墓参りをした。それは、

⑫曖昧となりつつある過去を確かめる意味と、はっきりT先生の死に決着をつけるためだ、と言い、この樫の木の根元で、T先生を焼きなったって、住職夫人はいいなったね、と私に住職夫人の言葉を確認させた。／本当よ、ここで焼いたって住職夫人は話したわ、と私は答えて、樫の木の、瘤になった根を叩いた。骨も拾うたって、いいなったね、もう、死になった人のことは忘れてしもうてもよかよねえ、きぬ子は私を真似て、樫の木の瘤を叩いて言った。その時きぬ子は、痛い、と小さい叫びをあげて、手のひらを撫でた。手のひらには、傷口も、出血もなかった。とげをさしたの？　不思議に思って私は聞いた。／「ガラスさ」ときぬ子は、それだけ答えた。その時の、抑揚のないきぬ子の言葉を、私は想い出していた。（一七〇頁）

身体のなかのガラス片は脂肪によって包まれているが、手のひらに残った被爆時のガラス片は「今」のきぬ

子に「痛み」を与える。それは「忘れて」しまいたいと思っても、身体を通して到来する過去という怨念に侵犯されてしまったようなものだ。T先生の死亡と埋葬を確認した「今」となっては、先生の最期の言葉にこだわる必要から解放されてもよいと考えるのだが、しかし身体の「痛み」は過去を忘れさせてくれないのである。

このきぬ子の痛みもまた、〈記憶〉のテクストとしての「空缶」のなかでは、時空を混線させる。大木の説明によると、きぬ子が「ガラス片の痛みを知ったのは、体育の授業中である」（一六七頁）とされる。背中に痛みを感じて、その後病院へ行き被爆時に刺さったガラス片ではないかと言われ、一週間後に一ヵ所切開してガラス片を取り出している。まだ複数残っているガラス片を取り出すための手術が「あした」（一六八頁）行われるというのだ。

とすると、去年「私」にガラス片を手のひらに感じて「痛い」と言ったのが先なのか、体育の授業中が先なのか、不明になる。「申し込んどったベッド」が空いて「原爆病院にあした、入院」（一六七頁）するとあるが、一年以上ベッドを待っていたとすれば、〈体育の授業中→墓参り〉という時系列で「痛み」を説明することもできるだろう。が、そのような説明はテクスト中にはない。ここでは、「痛み」の起源が複数あると捉えておくのがよいのではないか。

ここで、「大木」の方が「私」よりも「きぬ子」について詳しいのではないかという意見もあるかもしれない。大木が、体育の授業中にガラス片の痛みを感じたというきぬ子について「説明」（一六八頁）をしている箇所に次のような一文がひっそりと置かれる。

⑬活発なきぬ子は、四十歳を過ぎていながら、子どもたちに前転をしてみせていた。　（一六七頁）

きぬ子が「活発」であるかどうかは、大木の説明からしかわからない。第一・指導書［二〇〇六］はきぬ子の活発さの背後にある原爆体験を押さえてから、もう一度きぬ子の活発さの「持つ意味について、考えさせるようにしたい」（六六頁）としているが、「大木」と「私」の記憶（引用文⑫のような悩むきぬ子）にある「きぬ子」像に齟齬があるかもしれない可能性を無視した挙げ句、悲しみをこらえて懸命に生きるきぬ子などというテクストから読み取れない「道徳的読解」を生徒に強いるものと思われる。

ここでは、大木が「活発」と言ったことを「真実の記憶」として扱ってよいのかという疑問を提示しておく（もしかしたら「きぬ子」は二人いたのかもしれない…。または、大木と「私」の指示する「きぬ子」は別人なのかもしれない…。複数の可能性が根拠を示せないままわき起ってくる）。

さて、見てきたような〈記憶〉の複数性は、空間にまつわっても発生している。

「私」たちが記憶している所属クラスが曖昧になっているのだ。校舎は、コの字型の四階建てであり、講堂は西向きに建っている。その講堂を出ると、「階段の踊り場を中心に、右と左に廊下が分かれてい」て、「右側が特別教室」で「私たちが終戦直後に使用していた教室は、その左側である」（二七一頁）と説明される。「私」たちはかつての自分たちの教室に向かうために「コの字形の校舎の、背の部分に」ある「廊下」を歩いている。「コの字の角に当る教室は、出入り口が一つしかな」く、「他の教室は、前後に一つずつ、出入り口がついていた」とされる（同頁）。「角の教室は非常の場合を考えて、隣の教室との境いの壁にドアが一つ、取りつけてあった」（同頁）。第一・指導書［二〇〇六］が、長崎東高等学校旧校舎（旧長崎高騰女学校校舎）の配置図と角の教室の平面図を載せているので、それを参考に、まず校舎の図面を簡単に書いてみよう（図1）。

講堂から階段（西向き？　東向き？）を降りて、左側に教室があるとされるが、「α↓」方向に階段がついていたとすると、教室は右手にあるはずだ。廊下がコの字形の背の部分である以上、講堂の位置は動かないだろう

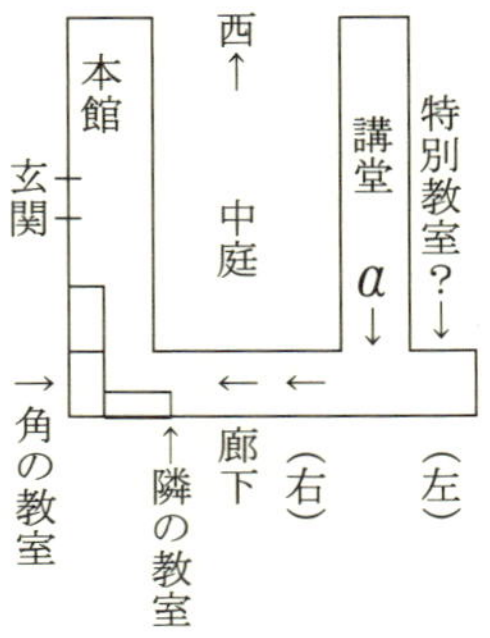

【図1】

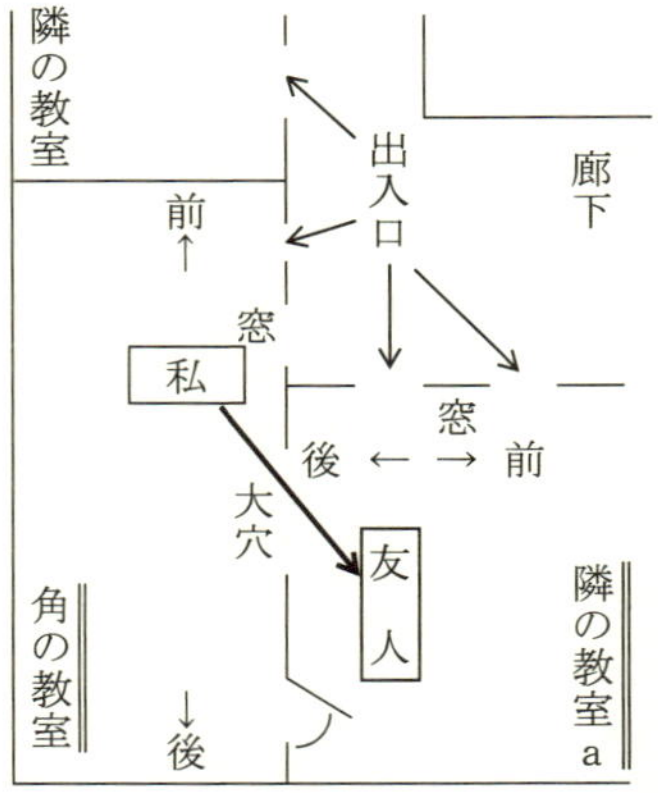

【図2】

（ただ、本館と講堂を入れ替えれば左に曲がって廊下を進むと教室が現れることになるが。しかし特別教室の位置が不明であることには変わりはない）。踊り場の向きや階段の向きや場所が位置αではない可能性はある（反対の西向きに存在しているとか）が、テクストからは不明である。またコの字形の背の部分が廊下と教室で埋められていたとすると、北側に空間は存在しないことになる（コの字形なのだから）。ここでこの校舎における教室の位置関係には混乱が生じている。

次に教室である。「私」は「角の教室」（一七一頁）のドアに記憶があったとする。そして、教室の壁には大穴が開いており、隣の教室が覗けるようになっていたという。

⑭ここが私の教室ね、と私は西田に言った。西田は〔中略〕これはわたしのクラスよ、と言った。西田も、壁のドアのノブに記憶がある、という。（あ）二人がもっているノブの記憶は、二人とも正しいのか

もしれなかった。ただ、出入り口が一つしかない角の教室なのか、それとも角の教室に壁を接した、共通のドアを持った教室なのか。いずれにしても西田と私の教室は、隣りあっていた事は確かなようだった。〔中略〕卒業までに同じクラスになったことはない。（い）二人が同じ教室の想い出を持っているのは、おかしなことだった。（一七一～一七二頁）

「私」は、「授業にあきると」、「振り返って、穴から見える範囲の、隣の教室の友達に目くばせを送った」（一七二頁）りしていた記憶があるという。「私」は背が低かったので前の方の席に座っており、振り返って隣の教室が見えるのは、「この角の教室しかない」（同頁）と考える。ここまでのことを平面図にすると図2のようになるだろう。

西田とは違うクラスで、西田と隣り合わせの教室だとすると、西田が隣の教室aに所属していたことになるだろう。しかし、傍線部（あ）のように「二人ともが正しい」可能性を言い（とすると所属教室がどこであったのか混線する）、西田が角の教室だとすると傍線部（い）のように「おかしなこと」になってしまう。両者が正解の可能性があるが、その場合二人の位置がわからなくなるのだ。

そこで「私」はもうひとつの記憶を取り出す。前の方の座席から、振り返って隣の教室を見たのだから、自分こそが「角の教室」にいたのだと。しかし、「前の座席」という項目を外すと、「私」が「隣の教室a」の後ろの席（図2の友人の席）に座っていて、振り返って「角の教室」の友人に目くばせしたという可能性も発生してくる。すると西田が「角の教室」の生徒だったことになるだろう。

このように所属していた教室をめぐっても、記憶は混線し、自分たちの居た場所は措定されない。空間の、そして〈記憶〉の迷宮を彷徨っている。すべてを解決する事実は出てこない。「私」たちは、過去の空間をさまよい歩く〈亡霊〉のようなものだ。

だがここに、「些細な部分まで、記憶してい」(一七二頁)る「大木」が介入してくる。

⑮〔大木〕「きぬ子は、この教室〔角の教室〕やったよ、同じクラスやったと〔?〕」(一七二頁)

きぬ子と同じクラスになったことがないと記憶している「私」(「女学校時代のきぬ子を知らない」(一六八頁))と西田は、《同じクラスではない》と主張する。とすると、「私」も西田も「角の教室」の生徒ではなかったことになる。が、大木がまた新たな情報を提示してくる。

⑯「ほら、空缶におとうさんと、おかあさんの骨ば入れて、毎日持って来とんなったでしたい」と大木が言った。ああ、と私は叫んだ。あの少女が、きぬ子だったのか。それならばきぬ子と私は、クラスメートになる。(一七三頁)

空缶を学校に持ってきていた「きぬ子」という項を媒介とすることで、「私」が「角の教室」にいたことが決定されるようだ。が、「私」自身が述べているように、西田と「私」が同じ記憶を持っていること(引用文⑭(い))の矛盾は解消されきらない。大木の正確な記憶で、すべての位置関係が解決したかのような錯覚を登場人物に(そして享受者に)与えるのだが、西田問題は放置されたままなのである。すなわち位置関係、所属教室問題は、じつは未解決だと言ってよいだろう。

ここに、先に見たきぬ子のガラス片による「痛み」の発生についての言説のズレと、大木によれば「活発」

とされるきぬ子と「私」が接しているT先生の記憶に苛まれるきぬ子というズレ、そしてきぬ子と空缶の話を一度もしたことがない「私」という情報を導入してみよう。

「私」の記憶のなかで、きぬ子≠空缶少女（学校に空缶を持ってきていたが「私」が名を知らない少女を以下このように呼ぶ）なのだ。「私」が「覚えている」（一七三頁）のは、「空缶少女」であって、「きぬ子」ではない。「私」に、きぬ子と空缶少女を同一視させるのは大木の言葉だけである。物語現在の「今」にいたるまでは、「私」にとっては「きぬ子」と「空缶少女」の二人がいたのである。

ここで誤解を恐れずに言えば、大木の言葉を真実であるとする根拠はないのであるから（たとえば、きぬ子の「痛み」の起源やきぬ子の人物像）、「私」が記憶している空缶少女がきぬ子と同一人物とはかぎらない。なぜなら、西田と「私」が、それぞれ自分の所属していた教室を決められないでいる以上、大木がきぬ子の教室を「角の教室」と言ったとしても、「私」が属していた教室に〈別の空缶少女〉がいたという可能性を払拭できないからである。

きぬ子と空缶少女が同一人物であったとしても、「私」にとって、「今」に至るまで、「きぬ子」と「空缶少女」の二人が記憶のなかにいた。あるいは、大木の発言を疑って、なおかつ「私」の記憶を西田の記憶から疑ってみたとき、「きぬ子」と「空缶少女」という二人の女性がいたことになる。

「私」（をはじめ登場人物たち、そして読者も）が、「大木」の発言を絶対視したときに、「空缶」というテクストの時空間は固定化される。しかし、テクストのなかにある微細な傷（記憶のズレ）に着目すると、テクストの時空間は混線を起こすのである。

空缶を持って来校する空缶少女が同じ校舎に複数形で存在した可能性も払拭できなければ、一人の空缶少女が複数の教室に亡霊のように出現した可能性も、〈亡霊〉論的にはありうるのだ。このように、「きぬ子」「空缶少女」は、姿を顕さない〈亡霊〉のように[注4]、「私」たちの周囲を漂いながら、「私」たちの記憶を攪乱し、「私」たちのあり方を揺り動かすのである。それは想像力によって死者の感情を忖度しようとか、戦争は恐ろしいとかいう、被爆者の不幸などという「道徳」的な共感とは完全に一線を画するような作用である。

六、〈記憶〉に感染する生者たち——テクストを構造化する〈亡霊〉の非在性

「空缶」というテクストの構造を支えている〈不在の原因〉[注5]として、テクスト中に登場することはなく、人々の想起のなかにだけ立ち顕れる「きぬ子」、そして「空缶少女」がおり、この二人の背後にやはり言語化できない「T先生」と「被爆して死亡した両親」がいる。

T先生や死亡した両親の〈声なき言葉〉——〈空缶〉の中味と同じようにその内容はわからない。空白の言葉、物言わぬ骨——に取り憑かれ、突き動かされるように「きぬ子」や「空缶少女」はその〈生〉を生きている。しきぬ子の「死になった人のことは忘れてしもうてもよかよねえ」(引用文⑫)という悲鳴にも似た言葉は、しかし彼女の手のひらの「痛み」とともに、T先生の空白の声をけっして忘却させることはないだろう。声なき声に堪え続けなければならないのかと問うきぬ子だが、T先生の空白の言葉に感染してしまった以上、きぬ子はT先生の亡霊に感染し、自身もまた亡霊的に他者に感染を広げていくしかないだろう。T先生についての記憶に取り憑かれた「きぬ子」の言葉に〈感染〉した「私」も、不在のT先生の言葉、きぬ子の苦しみを消去することはできない。

また空缶少女が毎日持ってきていた空缶について書道教諭によってたしなめられ、その中身が両親の遺骨であることを告白した「空缶事件」(一七四頁)は、「私の少女時代に錐を刺し込んだような、心の痛みになって残っていた」(同頁)のである。またしても「痛み」である。

伝えることのできない、しかし忘れることもできない「痛み」。伝達不可能であり、共有不可能でありながら、自身は忘れることもできず、また他者の痛みと自分の痛みとのその強度の差異さえも明確にできないものとしての「痛み」。きぬ子や空缶少女といぅ不在の原因によってもたらされる「私」の「痛み」の感覚は、伝達不可能性のなかで、しかし伝達がもしかしたら可能な一瞬があるかもしれないといぅほぼ皆無な可能性のなかで、他者に感染させていくしかないだろう。

深津［二〇一〇］は、出来事の中心にいるものが失語症状態に陥り、けっして近づくことができない出来事をまえにして、空白としての出来事に取り憑かれた生き残った者は、亡霊に取り憑かれた生者なのだと述べていた。この発言をもう一歩進めたい。

「空缶」というテクストは、T先生の言葉にならない叫び、物言わぬ遺骨に取り憑かれた、「きぬ子」「空缶少女」がテクストのなかに回帰することなく（登場することなく）、人々の〈記憶〉のなかで、人々の〈記憶〉を混線させ、日常的な時空間をねじ曲げ、「私」たちの「今」に、「痛み」をそして空白の記憶を〈感染〉させるのである。しかし大木のような存在によって、混線した記憶は時系列に沿ったものへと整序されようともするが、複数の記憶がぶつかり合う過程で、すべての〈記憶〉が〈空缶的〉なものへと変貌していくだろう。

死者やその近親者の記憶に感染することで、「私」たちもまた、空白の記憶に感染していく。それは「私」だけに起こることではないだろう。非被爆者という負い目を持っている西田の「ぎこちなさ」とともにしかいられない行動、発話はすでに、過去の出来事が整序して理路整然と語れるものではないことを明らかにしている。時空が混乱するなか、西田も不在の「きぬ子」に、「空缶少女」に感染してしまうだろう。自分の記憶を信じている大木にしても、記憶の混線のなかに突き落とされつつある「今」となっては、自身の記憶を妄信できなくなるだろう。

最後にもう一度繰り返そう。「空缶」というテクストは「きぬ子」「空缶少女」という死者の記憶に感染した、テクストに不在の〈亡霊〉に感染した同級生たちを描くなかで、記憶の混線を引き起こし、因果関係や時空間の定位に失敗した、〈亡霊〉に感染したテクストなのである。これは、大木と西田を対比的に扱う読解からは理解できないことだ。大木ときぬ子の差異からはじめて到達できる地点である。非被爆者／被爆者という対比も重要だろうが、「空缶」というテクストを「原爆ファシズム」的読解、道徳的読解、共感的読解から解放し、読者もまた〈亡霊〉の記憶に感染するような読み方を要請するテクストなのである。妄想的に述べれば、たとえ生きていたとしても忘却されていた昔のきぬ子やその後の空缶少女は、テクストの内部では「私」にとって死者に等しい存在なのではないか。まさに亡霊的にテクストに感染する少女（たち）。

他者の死を利用し、死者を理解できたような身振りをして、生者の日常に少しの味付けをし（言い過ぎならば謝罪するが）、死者に共感することで、自分たちに免罪符を与えるような、そのようなテクストへの接近を、「空缶」は拒むであろう。「痛み」と同様に他者への伝達不可能性に堪え、他者を理解することの不可能性に堪えた上で、〈記憶〉に正解などないのだ、〈記憶〉の伝達に成功などないのだ、しかしそれでも「聞き続け」「語り続け」なければならないという、「痛み」にも似た死者との、〈記憶〉との絶望的なつき合い方を続けていく努力、情熱を「空缶」は要請する。読者には、そんな「空缶」とともに、生きることが望まれるのである。

このテクストを前にして、道徳的読解、共感する力を育てるなどというおためごかしの授業に満足していていいのだろうか。また本稿は、指導書などがごまかして書いているところを、合理的に（〈亡霊〉は分析概念であるので、本当に幽霊や祖先の霊がいるなどとは思っていない）矛盾箇所や「大木絶対主義」を相対化しえただろう。テクストの細部を読み込み、矛盾や傷を探し出し、そこから〝常識〟的な読解を乗り越えようとする本稿の目論見は達成できたはずである。

国語の教科書には「死」がよくでてくる。古典なら『平家物語』「木曾最期」や「壇ノ浦合戦」、『源氏物語』「桐壺」、小説なら『城の崎にて』、『羅生門』、『こころ』。あるいはマイノリティの苦悩を描くかにみせかけた『舞姫』『富岳百景』のような欺瞞に満ちた教材。しかしそこで「死を美学化」するのではなく（高木［二〇〇九a］参照）、また死者へ簡単に共感したり、死者の気持ちがわかったつもりになるのではなく、マイノリティたちが苦しむのは仕方がないとか、きっと助かるとかいう甘い幻想を抱くのでもなく、〈死者〉や〈死者の記憶〉〈生き残った者の記憶〉を詳細に分析し、そこにどのような〈力〉があるのか――別にイデオロギー闘争をしようというのではない――、〈死者の記憶〉を〈分有〉するにはどのようにしたら可能になるのか（それはほぼ不可能であるということを理解しつつ）を、真摯にテクストから学ぶ、そのような教材として「死者の物語」群は教室のなかにあってほしいと切に望む次第である。

［注1］「空罐」の初出は、「群像　一九七七年三月号」（講談社）である。教科書では、第一学習社が「空き缶」、教育出版が「空缶」の表記を採っている。本稿では「空缶」とする。また「空缶」の引用は、講談社文芸文庫版『祭りの場・ギヤマン　ビードロ』（一九八八年）によった。引用の頁数も文芸文庫のものである。「／」は改行を示す。傍線、〔　〕内の註記などは断りがないかぎり高木によ
る。

本稿は、「国語教育の場においてテクストをどのように読むか」――教室において作者の意図を教師から無理矢理与えられるような、あるいはテクストから読み取れない事象を教師（あるいは教科書作成者や指導書執筆者）の特権的立場から教えるような、そのような従来的な授業形態を批判的に受けとめ、テクスト自体から読み取れる事柄を教室で教えるための読み方――をめぐる試論である。副題に「2」と銘打ったのは、高木［二〇〇九b］を「教室のなかのテクスト論・1」として扱ったためであり、国語教材の分析をこれからも続けていくことの宣言でもあるからである。

［注2］ここで取り上げる〈真／偽〉について言えば、過去の出来事の叙述は〈物語〉でしかないから、真偽を問うてもしかたがないというレベルのものではないし、ある人々にとって

は〈偽〉でも、ある人々には〈真〉であるというレベルの歴史修正主義的思考とは一線を画している。あるいはすべての人にとって「真実」はそれぞれにあるという意味での相対主義でもない。〈真〉も〈偽〉も〈記憶〉も混濁してしかないテクストの側面を捕まえようとしているのである。

[注3]「空缶」では「大木」が多くのことを記憶している。そして「私」が覚えていないこと、忘れてしまっていることも「大木」によって補填される。しかし「大木」の〈記憶〉がすべて〈真〉であるかどうかはじつは不明なのである（この点については後述する）。

[注4] 本稿で言う〈亡霊〉とは、姿を顕すことなく、しかし近親者（血縁があるとか友人である必要性はない。死者に親しい感情を抱きながら、しかし死者の記憶がすべて理解可能であるなどとは思わない存在。喪の作業を求めながらも、喪の作業に失敗し続けざるをえないような存在）の「現在」に、あるいは〈記憶〉に介入し、そのアイデンティティを揺るがすような存在を言う。その対立項としてあるのが、〈怨霊〉である。表象され、共同体に利用され、説明原理として作用させられるようなものである。詳しくは、高木[二〇〇八]のⅢ部を参照のこと。

[注5]〈不在の原因〉とは、テクストのなかには表象されないが、表象を支える構造化されないモノのことを言う。有名な例は、《白人小説は、黒人という不在の原因によって構造化されている》というものだ。

[引用・参照研究文献一覧]

川西政明[一九八八]：「林京子小論」（『祭りの場・ギヤマン　ビードロ』講談社文芸文庫）

教育・指導書[二〇〇八]：「空缶」（指導書執筆・和田由美）

第一・指導書[二〇〇六]：「空き缶」（指導書執筆・松本常彦）

高木信[一九九五→二〇〇一]：「感性の〈教育〉――〈日本〉を想像する平家物語」（『平家物語・想像する語り』森話社）

――[一九九四、一九九七→二〇〇八]：「〈戦場〉を踊りぬける――巴と義仲、〈鎮魂〉を選びとる」（『平家物語　装置としての古典』春風社）

――[二〇〇八]：『平家物語　装置としての古典』春風社

――[二〇〇九a]：『「死の美学化」に抗する『平家物語』の語り方』青弓社

――[二〇〇九b]：「〈語り／騙り〉としての『山月記』――「欠ける所」と漢詩への欲望、あるいは李徴は「変化（へんか／へんげ）」したか？――」（高木信・鈴木泰恵他編『〈国語教育〉とテクスト論』ひつじ書房）

田中実[一九九四→一九九六]：「新しい作品論のために」（『小説の力　新しい作品論のために』大修館書店）

トリート、ジョン・W[一九九五→二〇一〇]：『グラウンド・ゼロを書く　日本文学と原爆』法政大学出版局

中上健次[一九七八]：「座談会　われらの文学的立場――世代論を超えて――」（「文学界　一九七八年十月号」文藝春秋　他の出席者は、津島祐子、三田誠広、高橋三千綱、高城修三）

――[一九八二]：「第七十四回　創作合評」（「群像　一九八二年二月号」講談社　他の出席者は、柄谷行人、川村二郎）

深津謙一郎〔二〇一〇〕：「亡霊という問題圏――原爆体験／文学の脱領域化」（UTCPワークショップ「亡霊、語り、歴史性」における口頭発表）

フロイト、S〔一九一七→二〇一〇〕：「喪とメランコリー」（『フロイト全集14』岩波書店）

※本稿は、相模女子大学特定研究助成費B（二〇一〇―二〇一一年度）による成果の一部である。

黄昏の文学教育、レトリック教育の可能性／テクスト論を越えて

黒木朋興

テクスト論というのは不思議な用語である。フランスの文芸批評家に端を発する理論であり、著者の意図を探るという目的のもとテクストが孕む唯一で絶対的に正しい意味を解き明かすことを希求する研究法に反対し、読み手ごとにテクストの受けとり方は様々であるという考えの下、その時ごとに自由な解釈を発展させ多様で豊穣な読みを追求する、というのがテクスト論であるらしい。しかし、フランスではそもそも「テクスト論」という言い方自体あまり用いない。何より、テクストの意味を一義的に決めようなどという研究方法が脚光を浴びヘゲモニーを確立したことなどフランスでは一度もないのである。確かにキリスト教の信仰においては絶対的な存在である〈神〉の意図を探ることが重要視されてはいるが、たとえ〈神〉の言葉が一義的な意味を有するものだったとしても、〈神〉ではない人間にそれを完全に把握することなど出来はしない、という理解が大前提になっていることもまた事実なのである。

実のところ、テクスト論といったような方法論が出現したいきさつを理解するためには、一九世紀末にフランスで行なわれた教育プログラム改変運動に関わる幾つかの文脈を押さえておく必要がある。一つは「文学史」

という科目が大学における人文学の講座として始まったことだ。ここにおいてはある文学作品の著者の伝記的事実や同時代の様々な資料を手がかりに作品の本質を追究することが意図された。テクスト論の言う「著者批判」の〈著者〉はここに実質上の起源を持つと言って良い。そういった意味でテクスト論の仮想敵は「文学史」であり、この科目が一九世紀末から二〇世紀初頭にかけて開始されたことを考えれば、テクスト論のめざすところはまさにこの時代にヘゲモニーを打ち立てた〈モダン〉に対する批判であると言える。もう一つは、この時代に教育からレトリック[注1]が排除されたことが挙げられる。レトリックとは古代ギリシアに遡る総合的な言語技術法であるのだが、「文学史」が登場する一九世紀末にフランスの教育システムから姿を消すのだ。古臭いレトリックから新しい「文学史」へという移行が行なわれたのである。となれば、反文学史の立場を取るテクスト論とレトリックの親近性を指摘することが出来るだろう。しかし、この親近性はある視点では正しいが、別の視点では間違っている。つまりレトリックと言っても、ギリシア以来の伝統の旧レトリックとモダンの時代に即した新レトリックがあり、旧レトリックはアンシャン・レジームの遺物としてモダンな文芸批評家の蔑みの対象となるのに対し、モダンが誇るテクスト論と親近性が高いのは新レトリックの方なのである。となれば、テクスト論を巡る論争は、旧／新あるいは保守的／前衛的という単純な二項対立で割り切れるものではなく、極めて複雑な様相を呈していると言えるだろう。

本論の目的は、日本でかつて脚光を浴びたテクスト論と呼ばれる文学研究の方法論が、フランスにおけるどのような文脈とどのような関係を持っているかを詳述し、テクスト論が背後に抱えている背景が日本の文学研究者が考えているほど単純ではないことを解明した後、今後の文学教育におけるレトリックの可能性について指摘することである。そのための鍵としてレトリック教育の廃止と「文学史」の誕生、旧レトリック／新レトリックの関係といったテーマを軸にして議論を進めていきたい。

一、嫌われもののレトリック

一八八五年、フランスの教育課程においてレトリック教育が廃止される。一九〇二年には「レトリック」という名称さえも教育課程から姿を消す。以来、レトリックは古臭くて堅苦しい教育システムの代名詞として侮蔑の対象であり続けている。例えば、『レトリック』のオリヴィエ・ルブールは言う。

レトリック（la rhétorique）とは、現在では軽蔑的用語だ。自分がレトゥール（rhéteur, 原義「修辞教師」／日常語義「内容空疎な修辞家」）として扱われるのを喜ぶ人など一人もいないし、あの演説は「レトリック」が素晴らしいね、といえば、それはその演説をけなすことなのである。同様に、もとはレトリックの技術的用語で、現在では日常語として用いられる、ごくわずかの言葉も、ほとんどすべてが軽蔑的な用いられ方をする。[注2]

技術は素晴らしいが無味乾燥で心がこもっていない、例えば、レトリックに対する悪口は概ねこのような方向でなされると言ってよい。もちろん、古代ギリシアの頃より黒いものを白と言いくるめる弁論技術としてレトリックに非難が浴びされることはあった。しかし、一九世紀末におけるレトリックの没落は決定的であったのである。

では何故この時代にレトリックは権威を失い、軽蔑の対象に身を落とすのだろうか？　それは知のあり方に大きな変化があったことに深く関係している。正しく美しい言葉の使い方の規範（英：norm, 仏：norme）への姿勢に大きな変化が生じたということだ。簡単に言えば、それまで規範に従う形で言説の正しさや美しさが成り立っていたのに対し、この時代以降、そのような規範が機能しなくなる、あるいはそのような規範から逃れることによって美が求められ始めたのである。例えば、詩の世界では韻文詩の牙城が崩れ散文詩や自由詩が興隆したことが挙げられよう。それまで詩と言えば、一行（＝一詩句）の音節を揃えたり、韻を踏んだりといったような作詩法に則って編まれた言葉に与えられた名称であったのに対し、これ以降このような規範に従わずとも詩作が出来るということを示したのが散文詩の誕生という現象であったのだ。規範に従うのではなく、規範を微妙にずらしていく動きの中に芸術創作の神秘を求めるようになったのである。このような文学の変革運動は、概して象徴主義と呼ばれることが多い。そして、多くの象徴主義者に師として尊敬を集めた詩人にステファヌ・マラルメがいる。

ところでこのマラルメであるが、当然詩の散文化運動の立役者であるとされている。更に、マラルメは規範を打ち破り民主主義の時代に相応しい新たな美を打ち立てた詩人として現在もなお前衛の教祖のような存在として多くの芸術家の敬意を浴びていると言っても過言ではない。このようなマラルメがいることももちろん決して偽りではないのだが、凡百な象徴主義者達とは違い、マラルメは単純な改革者などではなかった。韻律法という権威の失墜を現実として受入れ、散文詩運動にその身を投じながらも、やがて韻文詩が復活することを夢に見、更にそこに理想を見出そうというのもまたマラルメの一側面であったのである。

マラルメのこの規範に対する姿勢は、詩に関わる論点だけに留まらない。美に対する姿勢全般に伺える。ここでは女性のファッションに関する詩人の文章を見てみよう。一八七一年にパリに住居を定めたマラルメは、一八七四年文筆で生活費を稼ぐ手段としてファッション誌『最新流行』を創刊する。何人かの詩人の友人の助けを請いつつも、マラルメは幾つもの女性のペンネームを使い分け、流行に関する記事の執筆・編集を一人でこなしモード雑誌を刊行するのである。一八七四年一二月二六日付第七号の中でマラルメはマルグリット・

ドゥ・ポンティのペンネームを使って以下のように言っている。

流行にかんしては、殿方がおっしゃるような、法律、決定、法案、法令などはもう発令されてしまいました。この［流行という］女王（彼女といったら、万人なのですが！）からの新しい〈通達〉によって、われわれはここ半月や一月はびっくりさせられることはないでしょう。［注3］

流行は美に関する規範を定める女王であるというわけだ。もちろんその女王が「万人」と言っているわけだから、アンシャン・レジームにおけるような封建的な支配関係ではなく、民主主義の価値観が反映している様を見て取ることも出来るわけだが、それでも規範に対する一定の配慮が感じられると言えよう。更に、一八七四年一一月一五日付第六号で色彩に関して以下のように言う。

今から色彩のお話になるところですが、ニュアンスは年齢やその方の外見に応じて使われる、そんな陳腐なことを繰り返すことは、いいえ、いたしません。また、しばしば忘れられていることですが、カーテン――つまりはそれぞれの応接間で背を向ける背景ということです――の色彩やニュアンスを計算に入れなくてならないことも再び申し上げることはしません。二週間ほど前に、巻のままの布地を列挙した後ですから、一つないしは二つの特権的な布地しかとりあげることはできません。［注4］

個人の特性やその場の状況ごとに最も相応しい色があるのは当然だが、それにも増して少数の特権的な色があると強調しているのだから、ここにおいて見られるのもやはり規範を尊重する芸術家像である。

とは言いつつも、もちろん詩人は第七号の最後で流行が規範に従うことだけではないと指摘することを忘れはしない。

すべては言い尽くされました、あるいは、何も。なぜなら、こうした教示は忘れるためにこそ知っておくべきだからです。そして、令夫人方、そんなものよりはお読みになられたことに、みなさまの〈自由な想像〉がすでに織りまぜている、反抗的な気まぐれのほうを私はあてにしております。[注5]

要するに、マラルメは手本にするべき規範を示した後、明敏な読者にはそれを無視して心の中で自由にアレンジし発展させることを勧めているのだ。このような「反抗的な気まぐれ」が獲得したものの中にこそ、疲弊してしまった美の規範の代わりとして、マラルメが提案する詩学の一つの形があると言うことが出来るだろう。ところで、文筆による金儲けを意図して始められたこの雑誌はさしたる商業的な成功をおさめることも出来ず、第八号を刊行した後、他の人物によって奪われてしまう。そしてその人物によって発行された新しい『最新流行』にドゥ・ロマリア男爵夫人の名前で流行の記事を書くジャーナリストは、規範を否定することによって新たな美の原理を打ち立てようとする方向性を更に押し進める。一八七五年二月七日第八号から引用してみよう。

記憶を巡らせれば、私達が流行の気まぐれな女神の奴隷となっていた時代のことが思い出されます。その女神の勅令次第で私達は不細工になったり奇麗になったりしていたのであり、それに何がなんでも服従しなければならなかったのです。つまり〈優雅さ〉とは服従だったのです。服従しなければ、変わり者だという非難の標的になったのですが、今となっても当時と変わらず、尊厳を保とうと努める女性ならばそんな非難は避けなければなりません！

今お話ししている時代には、優雅な人々は幾つかの大きな有名店によって考え出された一種の制服を身に纏っていました。色でさえも前もって決められたものにしなければならなかったのです。例えば、ある年は青が支配的でありました。――ブロンドの髪の人は喜んでいましたね。――次の年は緑が勝りました。偶然が振り向いてくれなかった女性達は不運でした。彼女達になす術はありません。

これらの女性達はすぐに気を取り直して、またこう言います。――仕方ないじゃない、私は流行にのっているのよ！

現在ではもうこんなことはありません。それぞれが自分に一番似合ったものを選ぶのです。流行に与えられる属称の下に示される非常に広い領域では、個々の優雅さや私的な趣味を自由に開拓することが許されているのです。

それまでの美の規範に反旗を翻し、その場の状況と自分に相応しいファッションを追求することが説かれている。上から押し付けられる規範ではなく、それぞれの個性を活かすことに価値をおく時代が始まったのだ。この時代以降、ファッションのみならず、芸術や文学の世界においても、マラルメから『最新流行』を奪ったドゥ・ロマリア男爵夫人を名乗る無名のジャーナリストがここで宣言している個性尊重の方向性のもとに、〈モダン〉の美しさと正しさが追い求められることになる。「反抗的な気まぐれ」によって規範をずらしていくことを秘かに願いつつ美の規範を次々と示してみせるマラルメから、規範に逆らい個性の表現を美の典拠とする無名のジャーナリストの見解への移行こそ、まさにこの時代に起こった価値観の変化を象徴的に表していると言えよう。一般にこの時代における詩の変革を代表しているのはマラルメだが、規範に対しても一定の敬意を払うマラルメではなく、規範に抗い個性を重んじる無名のジャーナリストの主張に倣って〈モダン〉詩学は形成されていくのである。そして、このような個性の旗印の下、レトリックは堅苦しい技術偏重の技として侮蔑の対象となり、「文学史」が言語教育の覇権を握ることとなる。

二、レトリックから文学史へ

旧レトリックとは以下の五つの部門を持つ総合的な言語教育法であった。1：インヴェンティオInventio（発想）、2：ディスポジティオDispositio（配置）、3：エロクティオElocutio（修辞）、4：メモリアMemoria（記憶）、5：アクティオActio（発表）である。文字通り、論点を発見し、それを並べ、文章を練り修辞を整え、それを覚え、更に人前で発表する、という五段階である。現在の日本で言語技術と言うと文章を書くためのものに特化されるが、旧レトリックは考え、文章を綴り、話すことまでを含んでいた。更に、旧レトリックとは何より相手を説得するための技術であり、演説をして聴衆の喝采を集めたい政治家や裁判で相手を説得し自分の正当性を主張しなければならない法律家はもとより、司祭、医者、地理学者や天文学者などすべての学識者が習得するべき基礎教養であったのである。文学部や文学教育などといったものが登場するのはようやく一九世紀末になってからのことに過ぎない。世紀前半のスタンダールやバルザックなど有名な小説家などが学んだのは、決して文学部ではなく、法学部や医学部であった。つまり、彼らは文章技術を基礎教養課程のレトリックの授業で身に付けたというわけだ。更に、世紀末の詩人マラルメの学生時代でさえ文学部はまだ存在していない。文学教育が始まるのは、一九世紀末から二〇世紀初頭にかけて、レトリック教育が廃止され文学史が開講されて以降のことなのである。

文学史の大きな特徴は〈著者〉にスポットを当てたことだろう。その黎明期における代表的な論客としてギュスターヴ・ランソンの名を挙げることが出来る。ランソンの主張は、作品を書かれた当時の社会状況に照らし合わせて読解するというものであり、そのために著者の伝記的事実をはじめ同時代の社会の様子を伝える様々な資料を調べ上げることの重要性を説く。このようにして作品のそれぞれが持つ個別性を明らかにし、更にはその作品の歴史的価値を明らかにして、フランスという祖国が生育んだ文学作品の歴史を確立することを目指していたのである。ランソン個人の意図としては決して、バルト以降の文学理論を奉じる批評家達が誤解したように、〈著者〉を祭り上げるものでもなければ、狭義の意味での伝記研究を押し進めるものでなかったことは、最近のアントワーヌ・コンパニョンなどの研究によっても明らかにされている[注6]。ただし、このランソンの方法論が基となり、作品の理解に有益であろうあらゆる資料を駆使して作品の〈真理〉たる〈著者〉の意図を読み解き作品の本質を把握することに努めるという現在の実証的な作家研究が確立されていったことは確かなことであろう[注7]。

対して、レトリック教育においてはここまで著者が重要視されることはない。もちろん、教科書などに採上げられるキケロなどといった著者の伝記的事実を学ぶこともあった。しかしレトリック教育の最終的な目的は、著者や作品の本質を理解することではなく、偉大なる先人の文章術を参考に自分自身で同様な言語技術を操れるようになることだったのである。つまりレトリックにおいて著者は理解するための対象ではなく、倣うべきモデルとして機能したということだ。

このようなレトリックから文学史へという流れにおいても、前述した規範から個性への移行が反映している。例えば、現在の旧レトリック研究における中心人物であるマルク・ヒュマロリは「文学史」の登場に対して以下のように言っている。

信頼に足る伝統に基づいた規範的な美学に代わって、歴史主義的であると同時に科学主義的でもある、好みによる相対主義を採用するという危険をおかしたのである。[注8]

美を定めるのに規範ではなく、相対的な個人の好みが尊重されるという文学史の特徴を見事に指摘している。そもそもレトリックにおいては作家を歴史順に並べて理解しようなどという意図は存在しない。先人の文章は修辞を習得する際のお手本として採上げられていたのだから、例えば二つの文章のどっちがアレゴリー(寓喩)でどっちがプロゾポペ(活喩/擬人法)なのかという分類が問題になることはあっても、そのうちのどちらが先に書かれたのかといったことが問題となることはないと言って良いだろう。民主主義を標榜する第三共和政下の大学において、〈文学〉が科学であろうとした時に、自らの歴史を体系的に構築するという方法を取ったということである。しかし、その際、美しい文章あるいは良質の作品を決めるのに、旧来の規範ではなく読み手の「好み」を尊重したために、その価値判断が「相対主義」に陥ってしまう危険性を孕んでいたというわけだ。ある文章が素晴らしいとされるのは、何らかの規範に適っているからではなく、とにかく感動させられたからだ、という価値判断である[注9]。

そもそも文学作品を歴史順に並べると言ったところで、フランス文学史において偉大なる時代とされている一七世紀の「古典主義」時代には、確かに現在文学作品と分類されるものは存在していたが、実のところ〈文学 Litterature〉というジャンルは存在していない。一七世紀研究の大家であるヒュマロリは言う。

リシュリューの権威の下にはっきりと意識されるようになる「フランス雄弁術」は、我々が今日「ルイ13世治下の文学」として理解されているものとまったく重なり合うところがない。その規範を定める任を負っているアカデミー・フランセーズには、詩人や職業的作家と同様に大諸侯、外交官、宮廷の高官、教会関係者、司法官、弁護士がメンバーとして迎え入れられている。アカデミー・フランセーズは様々な人の多大なる努力を結集させて成果とすることを自らの役と任じており、世俗の権力、王国の多種多様なエリートからなる構成員、宮廷人や法曹関係者といった、宗教・世俗双方の「知識と教養を兼ね備えている人々」による庇護の下、自分達のカーストの文体［＝スタイル］をフランス王の尊厳に協和する共通の雄弁に合わせていくことを目指す。詩人と作家はこの大いなる努力の成果を身につけているわけだが、それはあくまでも自分達の立場においてということで、彼らはガイドでありその権威を保証する人間であると同様にその成果を享受する側の人間でもあった。彼らの作品はフランスの雄弁術の「最良の文体［スタイル］」とそれを識別出来るセンスを養うことを究極の目的とする論争の機会なのだ。［注10］

問題となるのは「文体［＝スタイル］」である。この時代には詩人や小説家が特権的な担い手である〈文学〉ではなく、あらゆる学識者の言語教養である〈文芸 Belles Lettres〉という用語が使われていたことを言い添えておく。ここにおいて求められているのは、自分の文体を「フランス王の尊厳に協和する共通の雄弁」に合わせていく行為であり、これはまさに規範に沿って正しく美しい言説を習得していく営みであると言えるだろう。自分独自の自分らしい文体を練り上げていくという発想は認められない。

対して、文学史の時代に求められる文体とはどういうものだろうか。ヒュマロリは指摘する。

読者は、本当に多種多様な時代ごとの偉大なる作家の散文を前に、自分がどういう気質なのか、どういう風に教養を身につけてきたか、何を必要としているのかに従い、〈美〉の相対性の感覚を用いて、自分自

身に固有の文体［＝スタイル］を養成するよう促される。［注11］

アンシャン・レジームにおける規範と一九世紀末以降の〈モダン〉の時代における個性という対比は明らかである。しかもその個性の探求において参照されたのが、フランスが誇る偉大な作家の織りなす歴史であったという点に注意したい。このような文学史において〈著者〉が聖化されるのである。

〈著者〉とはフランス語でauteur（英語でauthor）であるが、『フランス語歴史辞典』［注12］によればその語源は、ラテン語のauctor（＝張本人／首導者あるいは助言者）である。つまり物事の最初の一歩を切り出すのがAuteurなのであり、そこから万物の創造主、つまりこの世界を創った存在である〈神〉の意味を帯びることになった。また、「権威」という意味のautorité（英語でauthority）も「著者」＝auteurと同じ語源を持っている。もちろんこの権威を保証している存在は〈神〉であることも言い添えておきたい。一九世紀末以降言語教育の主役の座に躍り出た文学史、そしてそこから派生した文学研究において、探求の対象として敬意を集めたのが〈著者〉であることは周知の事実だろう。その〈著者〉の意図が、文学研究における〈真理〉と扱われ、そこに到ることが「正しい読み」と見なされたことには語源の上からも謂れのあることだったのである。一九世紀に聖なる地位を獲得した〈文学〉という神殿に席を獲得し列聖された祖国フランスの英雄である〈著者〉達の〈権威〉の背後には〈神〉の影が見え隠れしているというわけだ。

しかし物書きとしての著者は決してアンシャン・レジームにおいて尊敬すべき存在だったというわけではない。例えば、初版が一六九〇年、再版が一七二五年に出版されたフリュチエールのフランス語辞典の「auteur（＝著者）」の項には以下のような定義が見られる。

何らかの本を編み、世に送り出した者のこと。［……］ごく短く、著者だ、と言う時、それは時として悪意を含んでおり、それはむしろ賛辞というより侮辱なのだ。［注13］

侮辱の対象である〈著者〉の意図を探ることが研究の目的足り得ないことは自明だろう。

また、アンシャン・レジームのレトリック教育において採上げられたのは主に古代ギリシア・ローマの書物を始め中世に書かれたラテン語の文献であったことを指摘しておきたい。長い間ヨーロッパの学識者の共通語はラテン語であったことは繰り返すに及ばない。中世フランス語と現在のフランス語の間には断絶があり、フランス語が何とか現在の形になり始めるのは一六世紀から一七世紀にかけてのことだったのである。となれば、フランス文学史と言ったところで、一六世紀以前に遡ることは基本的に困難となる。そしてその歴史において黎明期であると同時に黄金時代と見なされているのが、古典主義と呼ばれるコルネイユ、ラシーヌ、ペロー、ラ・フォンテーヌやモリエールが活躍した一七世紀なのだ。しかし、前述のように、一七世紀当時の社会において〈文芸Belles Lettres〉の担い手は、政治家や法曹関係者を始めあらゆる学者を含む集団であったことを思い出しておきたい。その中から現在文学に分類されている作品の〈著者〉達のみに焦点を当て、彼らを母体とする〈文学Littérature〉というジャンルを確立しそれを聖化したのは、一九世紀末に勃興した文学史に他ならない。ところで、第三共和政はフランスに民主主義を定着させた政体であるが、その出発点は一八七〇―一八七一年の普仏戦争の敗戦であり、ドイツに対する復讐感情からナショナリズムの火が起こり急速に燃え広がった時代でもあった。このような社会において、フランス文学の偉大なる〈著者〉達は大いなる祖国フランスの歴史を彩る英雄として文字通り列聖されたのである。

三、新レトリックとテクスト論

〈著者〉の意図に囚われない自由で豊穣な作品解釈、というのが日本のテクスト論のスローガンであるのだろうが、彼らが敵視する〈著者〉崇拝は一九世紀末のレトリック教育の廃止の後を引き継ぐ文学史の興隆に端を発しており、更にその文学史はフランスのナショナリズムとも密接な関係を持っていることが確認出来たように思う。当然、このような改革運動に対しレトリックの側からの巻き返し運動はあった[注14]。しかし、それが再び教育の世界でヘゲモニーを握ることはなかった。

にもかかわらず、レトリックは完全に消滅したわけではない。その伝統は「詩学」という名称の下に脈々と生き続け、二〇世紀の文学研究の中で決して小さくない影響力を行使することになる。ここでは、マラルメの弟子を任じる詩人の中から、二〇世紀に入ってアカデミー・フランセーズの会員として選出されたポール・ヴァレリーを採上げてみたい。ヴァレリーはフランスの高等教育機関の中で最も高い権威を誇るコレージュ・ドゥ・フランスにおいて「詩学」の授業を開講するにあたって、以下のように言った。

> 「文学史」は今日大きな発展をとげ、多数の講座がそれに捧げられている。これと対照的に注目に値するのは、作品そのものを生みだす知的活動の形態が、ごくわずかにしか、あるいは偶発的かつ正確ではないやり方でしか、研究されていないことである。それに劣らず注目に値するのはテクスト批評やその文献学的解釈に適用される厳密性が、精神の製作物の生産と消費の具体的な諸現象の分析に稀にしか見出されないことである。[……]「文学史」の深化された研究は、著者の歴史や彼らの生涯の諸事件あるいは彼らの業績の歴史というより、むしろ〈文学〉を生産しあるいは消費するものとしての精神の「歴史」として理

解さるべきであろう。そしてこの歴史は作者の名をあげることもなしに書かれることとさえ可能であろう。「ヨブ記」あるいは「雅歌」の詩的形態は、それらの著者の伝記と全くかかわりなしに研究することができる。彼等の伝記はまったくわからないのだから。[注15]

作者の伝記的諸事件から完全に離れて文学研究を行うことは可能だというのだから、ヴァレリーの「詩学」とテクスト論の間に一定の類似点を見出すことが出来るだろう。「テクスト批評やその文献学的解釈」とは、テクストそのものに焦点を当てた読みであり、伝記や著者の同時代的社会状況などの調査がテクスト外部の分析であるのに対して、テクスト内部の分析であると言える。このようなテクスト内部の分析の中で最も重要なものの一つが、そのテクストで駆使されている直喩、隠喩、提喩や換喩などの修辞を分析することである。そのような修辞の分析を通して文学作品を批評するという営みに「詩学」の名称が与えられ、その「詩学」は二〇世紀の文学研究において「文学史」に勝るとも劣らない重要な科目となる。レトリックは、五項目の中で修辞のみが特化され、「詩学」の中で生き延びるのである。

かつてのレトリック教育では、生徒達はまず文法のクラスに入り、次に詩学のクラスに進み、最後にレトリックのクラスで言語教育あるいは教養教育の総仕上げを行なっていた。つまり、レトリック教育は一八八五年に廃止となり、一九〇二年にはその科目名すらも消えるのだが、その後の文学研究の世界においても、かつてはレトリックの前段階のクラスの名称であった「詩学」の名の下に、修辞のみが生き残ったということだ。「詩学」とは読んで字の如く〈詩〉とは何かを探求する営みに関わっている。一九世紀末のマラルメの時代までは、〈詩〉とは一詩句の音節数を揃えたり韻を踏んだりといった作詩法と密接に結びつき、それと不可分であった。ところが、まさにマラルメが『詩句の危機』で報告しているように、一九世紀末に到ると定型詩が失墜し、散文詩や自由詩が登場したことは既に指摘した通りである。つまり、マラルメの弟子のヴァレリーの時代の「詩学」の講座においては、韻律法や作詩法はさして重要でなくなっているのだ。その中で「詩学」が修辞の分析に特化していくのは自然な成り行きだと言える。このようなテクストの内部要素の分析を試みる文学作品批評という営みが、二〇世紀の文学研究において「詩学」の名称の下に発展していく。あるいは、韻律法ではなく批評にこそ〈詩〉が見出されるようになったとも言えるだろう。文学史と同様に詩学においても、正しく美しい言説を支配していた規範の権威が衰退し、新たなる原理、つまり批評性がそれに取って代わったのである。

文学史において、作品の価値判断が規範ではなく個性や個人の趣味の問題に移り変わっていったのは既に見た通りである。その文学史が打ち捨てたレトリックの一要素を取り込み生成していったのがヴァレリーに端を発する詩学であった。しかし、その詩学においても規範はその力を失っている。そしてその代わりとして前景に出てくるのが批評性なのだ。「批評」とは「その作品の文学性を明らかにする」営みであり、批評的作品とは「文学とは何かを自らに問うている作品」ということになる。さて、もともと〈詩〉の語源である古代ギリシア語 *poiesis* の意味は「創造」であり、つまり定型詩のみならず現代的意味での文学作品一般を指すと言って良い。このことを考え合わせれば、ヴァレリーの詩学とは「文学とは何か」を問う探求であると言えよう。

しかし何故に〈詩〉（＝〈文学〉）とは何か、という問が詩学の主要な論点になるのだろうか？　それはある意味で、〈詩〉とは何か、が分からなくなってきたからこそなのではないだろうか？　〈詩〉とは何か、が自明な時代には、この問の探求が文学作品のテーマとなることはない。当たり前なことを改めて説明することに価値はないからである。ところが、韻律法を始め文学に関する様々な規範の権威が薄れつつある時代、ということは、〈詩〉とは何か、が自明ではなくなった時代において、この問は文学の主要なテーマとして浮上してきたのだということだろう。

ヴァレリーはこのような時代の変化について以下のように言う。

しかし〈詩学〉が目的とするのは問題の解決ではなく、むしろその提起であろう。それを教授することも、すべての高等教育がそうあるべきなように、探求自体と切りはなせまい。それは非常に大きな普遍性の精神をもって着手され、その精神を保ちつづけねばなるまい。実際、〈文学〉にたいして充分に完全で真実な概念をあたえることは、我々が思想や感情の表現の全領域を究めて、これを充分正確に位置させない限り、我々がその存在の条件を、著作者の内奥の作業と読者の内奥の反応とにおいて交互に検討しない限り、また、一方においては、それが発展する文化的環境を考察しない限り、不可能である。この最後の考察は、(他の多くの結果のなかで)ひとつの重要な区別に我々を導く。すなわち(公衆の期待をみたし、同様にその期待を理解することによって決まる作品という意味で)あたかも公衆によって創造されたような作品と、反対に自分の公衆を創造しようとする作品との区別である。新しいものと伝統との争いから生じるすべての問題と衝突、習慣についての論争、〈狭い公衆〉と〈広い公衆〉との対照、批評の多様な変化、持続のなかにおける作品の運命と、その価値の変化等々は、この区別から説明することができる。[注16]

文学に「完全で真実な概念をあたえること」、すなわち、文学とは何か、を問うことが詩学の最重要命題なのだが、この探求は「あたかも公衆によって創造されたような作品」と「自分の公衆を創造しようとする作品」との区別に端を発していると言っている。「公衆」すなわち作品の読者の存在が、文学とは何か、という問の鍵になっているというわけだ。

マラルメが絶大なる影響を受けた一九世紀の丁度中間に位置する詩人ボードレールの時代までは、少なくとも、文芸は一部の階級の住人の独占物であった。ある程度の知識と教養が保証された人々の間で詩は流通していたのである。文芸を操ること、言説を駆使することは社交界では必要な嗜みだし、政治的には政争の重要な手段であった。規範はそのような環境において機能していたのである。ところが、世紀後半になると〈文学〉により多くの大衆が参入してくる。このような大衆は教養のレヴェルもまちまちである。当然、文芸を統治していた規範についてほとんど知らないものも多数いるだろう。彼らにとっては正しく美しい作品よりも面白い作品のほうが重要なのである。当然、規範の神通力は薄れていく。このような状況下、例えば、フローベールやマラルメのような文学者に軽蔑されながらも、現在で言うタブロイド誌に連載小説を掲載し絶大なる売り上げを誇るが現在ではすっかり忘れさられているポンソン・デュ・テラーユのような小説家もいれば、民主主義を讃え大衆の美しさに表象を与えるべく敢えて規範に逆らう作品に挑戦するものの熱狂的な極々一部のファンを除いては読まれることもないマラルメのような大詩人もいる。より多くの読者獲得を目指して大衆に迎合すれば「公衆によって創造されたよう」に見えるだろうし、ひたすら自分の信念を貫き作品を発表し少ないながらも支持者を得るのだとすれば「自分の公衆を創造しよう」としているように見えるだろう。この時代の保守と革新の対立はまさにこのような大衆の登場によって引き起こされたものだと言える。規範の権威の失墜や「詩句の危機」による散文詩や自由詩の勃興も、このような文学の大衆化という文脈に合わせて理解するべきものなのだ[注17]。

　このような時代背景の下、詩学は韻律法などの規範から「〈詩〉とは何か」を自らに問う批評性に存在原理を移していくのである。

三、新レトリックと旧レトリック

テクスト論の敵視する〈著者〉崇拝の起源が「文学史」にあること、そしてテクスト論の水源の一つがヴァレリーの「詩学」にあることは確認出来たであろう。また、「詩学」において一八八五年に廃止されたレトリックの伝統が引き継がれたことも確認した。つまり、テクスト論は明らかにレトリックの後継者の一つなのだ。テクスト論の立場から見れば、「文学史」は敵対関係にあり「詩学」は影響関係にあるのだから、この二つは相反するかのように見えるかも知れない。ところがヴァレリー自身が『詩学』講義の目的は、『文学史』の講義に代わったり、対立しようとするのではな」い[注18]と言うように、この二つの講座は決して敵対してはいない。それどころか共に二〇世紀の文学研究を支える重要な基礎を形作っているとさえ言える。

更に、この論考の最初にオリヴィエ・ルブールを引きつつ、レトリックは現在において軽蔑の対象に成り下がっていることを指摘したが、テクスト論もレトリックと並んで侮蔑の対象になっているのだろうか、と言えば、決してそんなことはない。嫌われているのは旧レトリックであり、テクスト論へと繋がっているのはあくまでも新レトリックのほうなのだ。

では、旧レトリックと新レトリックの違いは何なのであろうか？　簡単に言えば、旧レトリックの一部のみを採上げて独立させたものが新レトリックなのである。まず、かつてレトリックには、インヴェンティオ（発想）、ディスポジティオ（配置）、エロクティオ（修辞）、メモリア（記憶）とアクティオ（発表）の五部門があったのに対し、新レトリックはそれをエロクティオ（修辞）だけに限定してしまった。言い換えれば、レトリックが本来、考え、書き記し、人前で話し聴衆を説得するための技術だったのに対し、新レトリックはただ単に書くための技術に縮小されているのである。更に、対象領域に関しては、旧レトリックが政治家や法曹関係者を始めとするすべての学識者に対して基礎教養課程の役割を担っていたのに対し、新レトリックは文学研究の手法としてのみある。つまり総合的な知の基礎をになっていたレトリックは文学の中だけに閉じこめられてしまったということだ。

ただ、ヴァレリー自身は「詩学」の講座の中で修辞の分析に着目することでレトリックを詩学に取り込んだことは事実だとしても、決してレトリックという看板を掲げたわけではない。二〇世紀においてまずレトリックを研究の対象として挙げたのはロラン・バルトである。彼は一九六四—一九六五年に国立高等研究実習院で行なったゼミナールの内容をまとめ一九七〇年に『旧修辞学』[注19]を出版した。この著作が、多くの文学者研究者にレトリックの名称を喚起したのは確かだろう。対して、ヴァレリーの詩学を受け継ぎ修辞のみに限定した新レトリック研究の一里塚を示したのはジェラール・ジュネットが一九七〇年に発表した論文『限定されたレトリック』[注20]である。

この論文がもたらした最大の弊害は、レトリックの縮小化あるいは限定化が自然の流れとして起こるべくして起こったものだという印象を人々に定着させてしまったことだ。ジュネットによれば、レトリックは一八世紀にデュマルセの影響の下エロクティオ＝修辞に、しかもその中でも特に転義法に限定され、一九世紀に入るとそのデュマルセに影響を受けたフォンタニエによって転義法の中から更に換喩、提喩と隠喩に限定されてしまったことになる。もしこの説が正しいとするならば、レトリックは一七三〇年のデュマルセの『転義法』以降、一八一八年にこの『転義法』の『注釈』を上梓したフォンタニエを通してどんどんと縮小され、最終的には一八八五年のレトリック教育の廃止を経て一九〇二年には姿を消す、という歴史が成り立つことになる。徐々に衰退していく様を描くことによってレトリックの盛衰の物語を作り上げたのだ。そしてジュネット自身は歴史に埋もれてしまったそのレトリックに再び光を当てることによって、現代に即した新しいレトリック研究を始めた旗手という称号を手にすることになる。

しかし、フランスワーズ・ドゥエが『異議あり、一八世紀フランスのレトリックは転義法に「限定」されてはいない』（一九九〇）で綿密に証明したように、この歴史は全くの誤りなのだ[注21]。もちろんデュマルセやフォンタニエの著作にレトリックを転義法に限定しようという傾向があったと解釈が出来ることは事実である。問題は、まず、彼らが当時のレトリック教育の世界でどのくらいの影響力を持っていたのかということであろう。実際のところ、デュマルセは自身のことを文法家であると任じており、更に彼の『転義法』は同時代人によってレトリックの教科書ではなく、詩学の教科書として扱われていた。更に、フォンタニエの『転義法研究のための古典的教科書』（一八二一）も一九世紀初頭の教育プログラムにおいてデュマルセの『転義法』を引き継ぎ詩学のクラスの教科書として採用されていたのだ。たとえ、デュマルセやフォンタニエの著作が転義法に限定されていたとしても、それはあくまでも詩学のクラスの話であり、最終学級であるレトリックのクラスでこの科目はいささかも限定されてはいなかったのである。また、『転義法』が参照している当時のレトリックの教科書と『転義法』を引用しているレトリックの教科書を調べてみると、それぞれの著作の中で転義法を扱っているページ数の割合は全体の四％から四・五％に留まっており、決してレトリックは転義法に限定されていると言うことは出来ない。つまりレトリックにとって一八世紀というのは何らかの転機があった世紀ではないし、一九世紀に入っても変わらず限定されていない五部門全体のレトリック教育が行なわれていたのである。そのレトリックが大幅に縮小するのはあくまでも一八八五年にレトリック教育が廃止されたときなのだ。つまり、レトリックは一八世紀から徐々に勢いを失っていき一九世紀末にかけて次第に消失していくのではなく、一九世紀末から二〇世紀にかけて突然なくなるのである。

ジュネットが描いてみせたレトリックの歴史は完全に出鱈目であった。にも関わらず、この偽りの歴史は絶大な影響を文学研究の世界に及ぼすのである。何故なのであろうか？　それは文学という分野を聖域化しようという意向が無意識のうちに働いたということではないだろうか？　だいたい限定されたレトリックを主張する論客達と言えど、不当に歴史を捩じ曲げ旧レトリックを抑圧しているという意識はまったくないと言ってよい。何故なら、彼らにとって旧レトリックとはアンシャン・レジームの堅苦しく無味乾燥な学問大系の象徴であり、散文詩や自由詩を生んだ新しい文学思潮を抑圧するものだと思われているからである。イデオロギーは無色透明で意識に登らないからこそイデオロギーとして機能する。ジュネットと彼を後継する文学研究者達は、表面的には新レトリックの名の下にレトリックを再評価するふりをして、その実、レトリックの一部である修辞だけを採上げ、その他の部分をばっさりと切り捨てることによって、本来のレトリックの姿を隠蔽してしまったのである。

前述のように、レトリックの守備範囲は文学のみならずすべての学問領域に跨がっていたし、考えること、書くこと、話すことを含んだ総合的な言語技術であった。それを書くための技術に限定することによって、文学のための理論に特化したのである。ヒュマロリも言うように「モダンかつ同時代的な理解での文学は、一八世紀になって始めて登場したに過ぎず、更に一九世紀になって始めて『聖化』された」[注22]のだが、レトリックも総合的な言語技術から書かれた表現の技術を分析するための手法に限定されることによって、文学のみにその守備範囲を限定し適応されることが可能となったのだ。文学を〈聖化〉するためには、他の領域から切り離し独立させ昇華させる必要があるが、そのためにレトリックを援用するには、レトリックが本来誇っていた幅広い守備範囲を文学のみに限定し、そこだけにスポットを当てる必要がある。そのためにも、文学が周辺領域を切り落とし純化していく歴史を正統化し確立するという作業が行われたのだ。文学を〈聖〉なるものと崇める研究者＝批評家は、とにかく文学が好きだから、その歴史にとって不都合な事実は目に入らない。たとえ目に入っていたとしても無意識のうちに排除してしまう。

例えば、後藤尚人は、デュマルセとフォンタニエを採上げレトリックの歴史を解説し、その後ランソンを経て現在へと到る文芸批評や文学研究への影響を解説しているのだが、デュマルセとフォンタニエといった傍流をレトリック教育の主流と捉え、彼らのみを採り上げることによってレトリックの衰退と文学の興隆を論じている。まさにジュネット以降の文学の聖域化の流れに乗っていることになる。というのも、「修辞学［＝レトリック］は文学解明を目指す読解理論であった」[注23]というのが彼の主張だからである。後藤は「修辞学［＝レトリック］から批評へとレトリック精神が譲渡される」[注24]には、レトリックから人を説得する弁論術の要素を取除きテクストの読解理論として純化されることが必要だという認識を持っている。

歴史とは実際に起こったことを起こった順番に並べて記述するだけの行為ではない。自らの思想に都合の良い事件だけを選び、それを時間順に並べた記述なのである。であれば、文学をとても大切に思う文学研究者が、その文学という概念を中心に歴史を描こうとしてしまうのは自然な成り行きであろう。その過程で旧レトリックを好ましくないものとして隠蔽する、という選択を文学はしたのである。なぜなら文学が自らの価値を示す原理として選んだ批評は、読み手の個性とセンスを駆使することによって、書かれた言説の自由な解釈を繰り広げることを望んだから、ということだろう。そのために話す技術としてのレトリックは邪魔者だったのである。こうして、純粋に書かれたテクストの読解技術として復活した新レトリックは、まさに文学を〈聖〉なるものとして祭り上げることに成功したのだ。

四、結論

一九世紀末から二〇世紀にかけてレトリックが教育プログラムから排除され、文学史がそれに取って代わり実証的文学研究の礎が築かれる。やはり二〇世紀初頭に詩学の講座が始まり、その中でレトリックの一部である修辞だけが受け継がれる。その後、レトリック研究はジェラール・ジュネットにより復活されるのだが、それはあくまでも修辞だけに限定されたレトリックであった。このような新レトリックの影に旧レトリックは隠されてしまう。すべての学問領域にとっての基礎教養課程として機能していた、考え、書き、話すための言語技術であった旧レトリックが書かれたテクストの分析の技を競う文学研究に特化した新レトリックに変容したのである。

この新レトリックの功績もあり、文学は〈聖化〉される。そして文学研究者はこの〈聖域〉を守る司祭となる。文学が〈聖〉なるものである以上、文学研究は何の役に立たないにしても、というより役に立たないからこそ、ただひたすらに文学作品の解釈に身を投じることがそれだけで存在意義となる。〈聖〉なるものの〈聖〉なるものたる所以である。そして文学教育を司る教員はその意義を世に広める宣教師になる。かつてこのように文学が〈聖〉なるものとして機能し、文学教育が意味を持った時代は確かにあったのだろう。しかし、現在、その〈聖域〉の存在意義の権威が揺らいでいる。そこから言語教育を救うのはかつてのレトリック教育を見直すことによってしかあり得ないだろう。その時、新たなる言語教育が焦点を当てるのは決して文学だけではなくすべての学問領域であり、レトリックは、新しい時代に即した形でであるが、考える、書く、話すことを網羅した総合的な言語教育となる。

かつて文学が黄金期を誇っていた時代においては、社会の役に立たないことは文学にとってさしたる支障にはならなかった。それどころか、新しい産業が次々と成長し資本主義が発展していく時代においては、社会の役に立たないことは逆に一つの価値となっていたと言える。大量生産と大量消費が称揚され利益が追求される世の中だからこそ、「役に立たない」ことに財を費やすことが、権威の象徴として尊ばれることが往々にしてあったということだ。あるいは、無駄なことに時間や労力を費やせるということは、生活を営む以外の余裕があるということであり、ここから生み出される作品は高貴さを帯び、「役に立つ」ことを求める社会を影で支える権威を形成することになる。ここに大量生産・大量消費と芸術のための芸術の共犯関係を指摘することも出来るだろう。

だが、このような自らの価値を自らに求める自律美学は、現在、その神通力を失ってしまったかに見える。おそらく、このような文学と共犯関係にあった社会や産業のあり方も同時に変容してしまったのだ。このような状況下、大学における文学教育の重要性は次第に軽視されるようになっていった。特に、一九九一年の所謂「大綱化」で設置認可が緩和され大学の一般教養課程が解体されて以降、文学教育は勢力の縮小を余儀なくされている。まさに風前の灯火と言っても良い。このような状況下、「役に立たない」文学の高貴さを訴えて、その大学教育における必要性を訴えたとしても、失地回復はまず不可能だろう。「役に立たない」は字義通り受けとられ、ばっさり切り捨てられる。もはや、文学は牙城を抜かれているのだ。

しかし、だからと言って文学教育が完全に瓦解してしまえば、所謂「役に立つ」学問も産業も深刻な打撃を受けることになるのは明らかだ。文章を読んだり人の話を聞き、考え、自分の意見を述べる、といった基礎を身につけていない人間が専門領域で活躍出来ることは極めて難しいからである。ここで、旧レトリックが、法学、医学や自然科学などへと到る前段階の基礎教養教育を担っていたことを思い出しておこう。このようなすべての学問の基礎教養課程としての言語教育があり得るとするならば、それは現在「リテラシー」の標語のもと追求される言語教育では不十分だろう。何故なら説明が単に論理的で明快なだけでは、人は決して説得されないからだ。理屈だけではなく、魂と身体が動かさなければ人は納得しはしないだろう。だからこそ、文学を含む総合的な言語技術が必要となる。文学は、もはや、「役に立たない」その高貴さを掲げるだけでは自らの存在意義を示すことは難しい。ただ、文学が文学に自足するのをやめ、かつての王座を総合的な言語技術、すなわちレトリックに譲り渡し、その下位に甘んじるのであれば、文学はまだ我々の社会に存在する場所を残していると言えるだろう。そこでは合理的な説明をするだけではなく、人の感情に訴えかけ説得するといった総合的な言語能力が尊ばれるのだ。

もはや文学は自らに閉じ籠ることをやめ、社会に対して何らかの関係を持つことを求められる。もちろんその実用性は目に見えて明らかな効果に限定されてはならない。すべての学問の基礎教養になるということは、文字通り縁の下の力持ちになるということであり、その効果ははっきりと表に出るものではない。これからの時代に求められる新たな言語教育は、文学作品だけではなく多岐にわたるだろう。もはや文学は自らの王国を維持することなど出来はしないのだ。しかし、歴史書や科学論文など多様な文章の中においてこそ、却って文学はその存在意義を露にするだろう。何故なら、言語の役割は決して論理的に説明することだけではなく、たとえ非合理的であろうと、人の魂と身体に訴えかけるものでもあるからだ。文学教育は、今や、レトリックの旗の下に再編成されることを求められていると言えるだろう。

［注1］「la rhétorique」の訳語としてこの論文においては「レトリック」を採用する。「修辞学」と訳される場合もあるが、ここではレトリックの一分野のエロクティオを「修辞」と訳す都合上、「修辞学」の訳語は用いない。

［注2］ 佐野泰雄訳、『レトリック』、白水社、二〇〇〇年、七頁

［注3］『マラルメ全集Ⅲ』、筑摩書房、一九九八年、一二五頁 仏語からの翻訳に関しては、訳書がある場合はその出典のみを記す。なお、訳文は文脈に合わせて若干変更させて頂いた箇所もある。以下同様。

［注4］ 同書、一一七頁

［注5］ 同書、一二九頁

［注6］ Cf. 合田陽祐、「戦後のフランス文学批評における理論と歴史の攻防」in 鈴木泰恵・高木信・助川幸逸郎・黒木朋興、『〈国語教育〉とテクスト論』ひつじ書房、二〇〇九年、四一四—

四一八頁
【注7】Cf. 後藤尚人、「読解理論のレトリック（3）」、『アルテス・リベラレス』第五三号、岩手大学人文社会科学部、一九九三年、一二四頁
【注8】Marc Fumaroli, *L'age de l'éloquence*, Genève, Droz, 1980 pp.7-8.
【注9】ここには「崇高」の問題系があることを付け加えておく。
【注10】*Ibid.*, p.22.
【注11】*Ibid.*, p.7.
【注12】*Dictionnaire historique de la langue française*, sous la direction d'Alain Rey, Le Robert, 1998.
【注13】Antoine Furetière, *Dictionnaire universel*, piblié par Brutel de La Rivière et Basnege de Beauval, Amsterdam, 1725.「ごく短く……」以下の文言は一六九〇年の版にはなく、一七二五年の版になって付け加えられた。
【注14】例えば、Antelme-Édouard Chaignet, *La Rhétorique et son histoire*, 1888などが挙げられる。
【注15】ポール・ヴァレリー、『ヴァレリー全集6　詩について』、筑摩書房、一九六七年、一四一―一四二頁
【注16】同書、一四五頁
【注17】Cf. 拙稿、「マラルメの60年代の危機と市場社会の成立」、『上智大学仏語・仏文学論集』第四〇号、二〇〇六年
【注18】ポール・ヴァレリー、前掲書、一四六頁
【注19】沢崎浩平訳、みすず書房、一九七九年
【注20】ジェラール・ジュネット、花輪光監修、「限定された修辞学」in『フィギュールⅢ』書肆風の薔薇、一九八七年
【注21】拙訳、『物語研究』第八号、物語研究会、二〇〇八年、八五―九三頁
【注22】Marc Fumaroli, *op.cit.*, p.17.
【注23】後藤尚人、後藤はla rhétorique一般の訳語として「修辞学」を採用している。前掲書、一一二頁
【注24】同書、一一九頁

あとがき

一九九〇年、「はじめに」で述べられていたように、助川氏がはじめて教員として高校の教壇に立った時、良くも悪しくも私はまだ中学生で毎日毎日悶々とした日々を送っていた。当時、数学と理科（科学）に強い関心があり、国語は一番苦手な科目だった。そのため、国語がよくわからないという生徒の気持ちは（そのわからなさ具合はそれぞれ違だろうが）国語の教師になった今でもよくわかるつもりである。

中学の入学祝いにはハードカバーの『ノルウェイの森』と『ダンス・ダンス・ダンス』を親に買ってもらった。中学一年生の時の夏の読書感想文（宿題）には『カンガルー日和』所収の「図書館奇譚」について書き、中学二年生の時には『風の歌を聴け』について書いた。村上春樹の文章は姉のすすめによって、小学校高学年から読み始め（最初に読んだものは『カンガルー日和』だった）、今でも親しみ続けている。あれから二〇年以上経ってしまったのだと思うと感慨深いものがある。ただ、もう一方で私は学級文庫にあったアインシュタインについての本（タイトルは忘れてしまった）を読んでいたのも記憶している。そのうち『Newton』等の入門的な科学雑誌を読むようになり、そこから理論物理学に興味を持つようになり、そのため、高校三年まで「理系物理クラス」に所属することになった。ただ、学校で勉強する物理は一向に私が本当に知りたいような話をとりあげてくれはしなかった。私としては時空のゆがみや超ひも理論（特に世界が十次元であるということが何を意味するのかわけがわからなかった）とはどういうものなのかといった話が聞きたかったのだが、授業の中でそうした話が出てくることは結局なかった。もちろん教科書を最後までざっと目を通せばそうした内容を扱うことがないことくらいは推測ができたのだが、どこかでそのようなものを期待し続けていた自分がいたような気がする。高校二年の夏に理論物理から文学の世界へと取り組もうとする分野を変えたのにはいくつか理由があるが、ただその根底にある追究したい問題は変わっていないように思う。その問題とは「この世界とは一体何なのか」ということであった。そうした意味で物理学による宇宙や素粒子についての研究について今でもとても強い関心を持っている。

村上春樹の文章について言えば、彼の小説も含めた文章はモダンとポストモダン両方の批判となっているように思われる。そのため助川氏が指摘するように「旧・主流派」からも同時に柄谷行人及びそれらポストモダン的な主張を支持するような人びととの相関性だけではなく、背反性もまた指摘する必要があるように思われる。

また「はじめに」において「純文学」の終焉が指摘されているが、夏目漱石や森鷗外、あるいは宮沢賢治が追究した問題を村上春樹の文学によって引き継がれていると捉えることもでき、そうだとするならば村上春樹の文学が世界中で受け入れられている以上、そう簡単に「終焉」を指摘することもできないのではないかとも思う。

小学生以来、私を惹きつけてきた村上春樹の文章の魅力とはどこにあるのか、これまで漠然と読んできてしまったところも少なからずあるが、その秘密について現在大きな関心を持っている。

「はじめに」でも指摘されているが本書は二〇一〇年九月に行われた、ひつじ書房創立二〇周年記念シンポジウムのうち「可能性としての文学教育」というテーマのものが基になっている。そのため、これら一連のきっかけとして、そもそもこのシンポジウムのパネラーとして声をかけて下さった助川氏に大変感謝している。実績のない私を起用するに際して少なくないリスクと多大な勇気が必要だったと思われる。そうした思いにきちんと応えられたかどうか甚だ心もとないが、私なりに一つ一つの仕事にベストを尽くしたつもりである。

また、ひつじ書房担当編集者の森脇尊志氏にも締切のことも含め多大な迷惑をかけたことをお詫びすると共に、それにもかかわらず温かく見守り続けて下さったことにお礼を述べたい。加えて、同様に私の至らなさから、ひつじ書房房主の松本功氏、同スタッフの方々、優れた論を送って下さった方々に多大なご迷惑をおかけしたことをお詫び申し上げたい。

本書は私にとって初めての「編著」となるものだが、力不足は否めず、共同編者の助川氏に大いに助けられることによって成立した。自らの未熟さを反省すると共に喫緊に実力をつけていくことの必要性を身に沁みて感じている。

シンポジウムと本書との間には確かに「震災」や「原発事故」等があったが、それらの事件によって根底における私の文学に対する見方が変化することはなかった。それは「震災」や「原発事故」に対し無関心でいられたからというのではなく、むしろ強い衝撃を受けたにもかかわらず、ということである。それは文学について考えることと「震災」や「原発事故」について考えることが、そもそも私のなかで切り離されたことではなかったからだろうと考えている。ただ、もう一方でそうした事柄に対しても、きちんとコミットメントしていかなければという思いもある。そしてその際に問題となるのは、それらの事件をどのように捉え、アプローチしていくかという認識や観念についてであろうと考えている。
文学についての問題及び、人生における様々な事柄に対する問題に本書が少しでも応えているものであればと編者の一人として心から願っている。

相沢毅彦

〈執筆者紹介〉（五十音順　*編者）

①氏名　②所属　③主な著書・論文

①**相沢毅彦**（あいざわ たけひこ）*
②早稲田大学高等学院教諭
③「村上春樹「ささやかな時計の死」論——重層化された思い出」（『〈教室〉の中の村上春樹』ひつじ書房）、「〈見えないもの〉を掘り起こす——山田詠美『海の方の子』における試み」（『日本文学』五八巻八号）、「有島武郎の『或る女』と新聞スキャンダル——見えない抑圧について」（『有島武郎研究』八号）

①**岩河智子**（いわかわ ともこ）
②作曲家・国立音楽大学非常勤講師・札幌室内歌劇場音楽監督
③「演奏家のための楽式論」（『国立音楽大学紀要』）、『おとなのための童謡曲集1,2』（音楽之友社）、『かなしいおとなのうた』（カワイ出版）

①**黒木朋興**（くろき ともおき）
②上智大学非常勤講師
③La Musique et le public chez Mallarmé: l'influence de la musique allemande sur le poète français（学位論文　フランス国立メーヌ大学）、*Allégorie*（共著　Publications de l'Université de Provence）、『〈人間〉の系譜学』（共編著　東海大学出版会）

①**助川幸逸郎**（すけがわ こういちろう）*
②横浜市立大学他非常勤講師
③『文学理論の冒険』（東海大学出版会）、『〈人間〉の系譜学』（共編著　東海大学出版会）、『〈国語教育〉とテクスト論』（共編著　ひつじ書房）

①**高木信**（たかぎ まこと）
②相模女子大学教員
③『平家物語・想像する語り』（森話社）、『平家物語　装置としての古典』（春風社）、『「死の美学化」に抗する——『平家物語』の語り方』（青弓社）

①**竹谷篤**（たけたに あつし）
②独立行政法人理化学研究所 仁科加速器研究センター 実験装置運転・維持管理室 計測技術チーム チームリーダー
③Silicon vertex tracker for RHIC PHENIX experiment. (A. Taketani et.al. *Nucl. Instrum.Meth.* A623), Measurement of Transverse Single-Spin Asymmetries for J/psi Production in Polarized p+p Collisions at sqrt(s) = 200 GeV. (By PHENIX Collaboration (A. Adare et al.) *Phys.Rev. D82*).

①**水野僚子**（みずの りょうこ）
②大分県立芸術文化短期大学
③「一遍聖絵の制作背景に関する一考察」（『美術史』一五二）、『平安文学と隣接諸学1　王朝文学と建築・庭園』（共著　竹林舎）、『視覚表象と美術』（共著　明石書店）

①**山本康治**（やまもと こうじ）
②東海大学短期大学部教授
③『新体詩歌』注釈（共著　『新日本古典文学大系明治編』十二巻、岩波書店）、「茨木のり子」（共著　『展望現代の詩歌』第四巻　明治書院）、「明治四十年代「国語」科における韻文教育の位相——ヘルバルト派教育学との関わりから」（『東海大学短期大学部紀要』41号）

可能性としてのリテラシー教育

――21世紀の〈国語〉の授業にむけて――

発行	2011年10月4日　初版1刷
定価	2300円＋税
編者	©助川幸逸郎・相沢毅彦
発行者	松本 功
本文デザイン	大熊 肇
装丁者	奥定泰之
組版者	中島悠子（4&4, 2）
印刷製本所	株式会社シナノ
発行所	株式会社ひつじ書房
	〒112-0011 東京都文京区千石 2-1-2 大和ビル 2F
	Tel. 03-5319-4916　Fax. 03-5319-4917
	郵便振替 00120-8-142852
	toiawase@hituzi.co.jp　http://www.hituzi/co.jp/

ISBN978-4-89476-565-8 C0000

JASRAC 出 1111772-101